绿典之路

各国环境法典译丛

瑞典环境法典

Swedish Environmental Code

译者

竺　效　丁　霖　田时雨　王盛航

蒙禹诺　梁晓敏　孙海萍

校者

竺　效　张燕雪丹　吴凯杰　田时雨

法律出版社

LAW PRESS · CHINA

图书在版编目(CIP)数据

瑞典环境法典/竺效等译. -- 北京：法律出版社，
2018

ISBN 978-7-5197-2102-2

Ⅰ.①瑞… Ⅱ.①竺… Ⅲ.①环境保护法-法典-瑞
典 Ⅳ.①D953.226

中国版本图书馆CIP数据核字(2018)第060153号

瑞典环境法典
RUIDIAN HUANJING FADIAN

竺 效 等 译

责任编辑 吴 昉
装帧设计 凌点工作室

编辑统筹 法律教育出版分社

出版 法律出版社
总发行 中国法律图书有限公司
经销 新华书店
印刷 中煤(北京)印务有限公司
责任印制 沙 磊

开本 720毫米×960毫米 1/16
印张 13.75
字数 170千
版本 2018年6月第1版
印次 2018年6月第1次印刷

法律出版社/北京市丰台区莲花池西里7号(100073)
网址/www.lawpress.com.cn
投稿邮箱/info@lawpress.com.cn
举报维权邮箱/jbwq@lawpress.com.cn
销售热线/010-63939792
咨询电话/010-63939796

中国法律图书有限公司/北京市丰台区莲花池西里7号(100073)
全国各地中法图分、子公司销售电话：
统一销售客服/400-660-6393
第一法律书店/010-63939781/9782
西安分公司/029-85330678
重庆分公司/023-67453036
上海分公司/021-62071639/1636
深圳分公司/0755-83072995

书号:ISBN 978-7-5197-2102-2
定价:45.00元
(如有缺页或倒装,中国法律图书有限公司负责退换)

感谢以下单位为“各国环境法典译丛”提供的大力支持！

中国法学会
阿里巴巴公益基金会
北京大学教育基金会

标示"绿典"之路(代总序)

对法律人而言,"法典"似乎是一个不可抵挡的诱惑。在我的阅读范围内,什么是法典,没有答案;但我知道,法典化是学术与实践紧密结合的过程,法学理论是法典的基础,法典是法学理论的规范性表达,没有法学和法学家,就没有法典!正因为有法学和法学家的存在,世界上从来不缺少推动法典化的力量,也未消失过反对的声音。不可否认,法典化运动是近代以来一个普遍的法律现象,在法典的制定上,法学家发挥着不可替代的作用。

十二表法是法典,抑或民法大全是法典?真的很难回答。在最宽泛的意义上,法典是一种成文的法律作品,主要是对某一法律领域最根本的原则和基础性的规范作出规定。法典是整体的、系统的,不是单一的法律,也不是对多部法律的简单汇编;法典是科学系统编纂的成果,是对法学和法律的提炼和结合,需要由法学家和法律家共同参与才能完成。法典化作为一种理想的立法模式和方法,各类法律不断地完善、补充以及体系化,最终都是以制定法典作为目标的。

即便如此,环境法人对环境法典依然有太多的疑问。从形式上看,大陆法系的一些国家制定了环境法典,更多国家没有环境法典;有的国家环境法律冠有"法典"之名,但学者们却认为其不是一部法典;有的国家环境法典连续多达数本,有的国家环境法典只有可怜的几十条。从内容上看,不同国家的环境法典更是千差万别,与具有基本相同体例的各国民法典相比,简直是"冰火两重天"。从法典化的过程看,有的国家经过三十多年的争论,多次启动环境法典制定,始终不得其果;有的国家几乎还没有开始环境保护,就在国外专家的帮助下,出台了环境法典;还有的国家环境法典已经制定完成,却因为种种原因不能或者不敢颁行……到底什么时候需要环境法典?环境法典是社会变革的必然结果吗?特定的个人或政治家对环境法典有怎样的作用?应如何认识环境法典与环境法学的关系?剪不断、理还乱,直叫人爱也法典,恨也法典!

在中国,环境法典同样是环境法人的不变“初心”,也始终走在坎坷崎岖的道路上。20世纪70年代,中国环境保护立法起步之始,就设定了法典化目标。1979年,在时任城乡建设环境保护部长李伯超代表国务院向全国人大常委会所作的《关于〈中华人民共和国环境保护法(草案)〉的说明》中,就明确指出这部法律主要是规定国家在环境保护方面的基本方针和基本政策,应成为环境保护领域的基本法。虽然这部法律因种种原因以《中华人民共和国环境保护法(试行)》的方式颁布,但以基本法为龙头、单行法为骨干的环境立法体系一直延续至今,“体系化”这个法典的核心要素始终存在。在环境法理论研究中,法典化是一个永恒的课题,三十多年的中国环境法发展史上,不断有学者推出有价值的环境法典研究成果。2011年年底,全国人大常委会讨论启动《环境保护法》的修订时,将修订后的《环境保护法》作为环境法典总则加以考虑并为进行环境法典编纂奠定基础的建议再次提出,遗憾的是没有得到采纳。2014年,十二届全国人大第八次常委会审议通过的《环境保护法修订案》只是进一步明确了其在环境保护领域的综合法定位。在学者们看来,这是《环境保护法》地位的提升,但由此带来的立法实践“困扰”日显,随着《大气污染防治法》《海洋环境保护法》《水污染防治法》等环境保护单行法修订工作的展开,如何处理与《环境保护法》的关系,成为一个现实的问题。或者高度重复立法或者法律支离破碎的困境,使立法者开始关注并思考环境法典编纂的必要性及可行性;人大代表、政协委员关于环境法典编纂的议案、建议逐渐增多,将编纂环境法典纳入第十三届全国人大常委会立法计划的呼声也日益高涨。

不得不承认,我们这一辈环境法人赶上了最好的时代!过去四十年经济社会高速发展所积累的生态环境问题成为制约中国未来的“瓶颈”达至社会共识,用法治手段推进生态文明建设、打赢污染防治攻坚战的举措彰显坚定的政治意志,中国自己的立法、执法、司法经验和理论成果奠定了环境法体系化、整体化的基础。种种现象表明,展开法典化研究和推进环境法典编纂的一些必要条件已经具备;但是,这些客观现实均不能构成中国必须编纂环境法典的充分理由。中国是否需要环境法典,是否存在环境法典的替代方案?如果我们认为中国应该有环境法典,也必须回答中国需要怎样的环境法典、如何构建适应环境法典需求的环境法知识体系、如何在现有环境立法与资源立法的基础上进行建构、如何处理环境法典与民法典等传统法典的关系……别有滋味在心头,真让人喜也法典,忧也法典!

一个时代的学者有一个时代的使命,回答环境法典编纂的基本理论问题,是今天的中国环境法学者必须直面的时代课题。这需要学者们有时不我待的担当和舍我其谁的勇气,以严肃的学术态度、坚毅的学术精神、科学的学术方法、理性的学术论证,提出能够让立法决策者接受、让社会接受的成果。至于最后的结论,无论是圆梦环境法典还是梦碎环境法典,都具有同等的非凡价值。我们要做的,仅仅是忠实记录所走过的道路,并留下一个又一个路标,昭示后来人。

在我的心目中,“绿典之路”丛书就是这样一个树立路标的系统工程。之所以将环境法典称为“绿典”,是希望为我们的路标涂上最鲜明的底色,为每个行路人提供更高辨识度。面对可能前行、可能转折、可能返回的环境法典之路,希望既提供国外先行者的路线图,鼓励研究参照系、重走经典线,为可行或不可行之路插上绿色路标;也总结中国的经验,鼓励漫漫长路上下求索,逢山开路、遇水搭桥,为开辟康庄大道设定绿色标识。为此,“绿典之路”丛书设计了“各国环境法典译丛”“外国环境法典研究文丛”“中国环境法典研究文丛”“环境法典相关研究文丛”等若干子系列,从构建环境法典研究“生态系统”的角度,探索环境法典化的“生态平衡”。出现在“绿典之路”上的每一本论著,都应该既有独立的功能与作用,也能为提升生态系统的服务能力贡献智慧与力量。

我知道,任何国家制定法典,都有很多既偶然又必然的因素发挥着作用,结果不可预测。在中国,环境法典的出台,也许很快,也许很慢,甚至慢到我们这一代人都无缘相见。但是,我更明白,学者对法典的追求,从来不是以被命名为法典的某个法律文件为直接目的。在法典化的进程中,创新和创造环境法知识体系、合理解释环境法社会现象、准确把握环境法运行规律、教授和传承环境法思维方式、巩固和提升环境法学术品质,都是学者为环境法典所做的最好准备和最大贡献。因此,“绿典之路”丛书是否可以在当下直接为中国环境法典编纂做出贡献,可遇而不可求。但是,记录环境法学的思维过程,记载环境法学人的心路历程,记忆环境法学科的品格养成,为后人标示中国环境法典化之路,一定可以实现。

2016 年的今天,全国人大常委会高票通过《环境保护法修订案》,这部“长出了牙齿”的法律,凝聚了几代环境法人的心血,是环境法理论成果与立法决策的有机结合,值得环境法人骄傲和自豪!2018 年春天,我们托起心中的向往,满怀信心再出发!期待在“绿典之路”上,环境法学者不断成长,环境法成果不断涌现,环境法学科不断完善,环境法品格不断成熟!

吕忠梅

2018 年 4 月 24 日

于北京太平桥大街 23 号

译者序

中国环境立法经由三十多年的迅速发展，法律体系日趋完善，但距理想中的环境法治仍有一定差距，其根源在于现有立法模式与环境保护需求之间难以适配。“基本法+单行法”的模式有其产生必然、自身优势和历史贡献，然而当前在我国，不仅《环境保护法》本身作为基本法的地位存疑，单行法之间的冲突亦非鲜有。在此背景下，思考法典化这一命题对于我国环境法治而言意义重大。

在我国环境法法典化的理论积累阶段，借鉴境外先进经验，以他山之石攻玉，可能事半功倍。瑞典环境立法经历了从单行法逐步体系化的发展之后，环境法法典化被提上议事日程，最终于1998年颁布了《瑞典环境法典》，被认为是“世界上第一部具有实质编撰意义的环境法典”。因此，考察瑞典环境法法典化的历程与特色，对我国研究制定环境法典具有借鉴意义。

一、瑞典环境法典化的主要历程

瑞典的环境立法总体上可以分为三个发展阶段。在20世纪70年代之前的初步发展阶段，环境立法的关注领域历经了从人类健康保护、自然资源利用到污染防治的变迁，这从主要法律的立法时间可以看出。如1874年的《公共卫生条例》、20世纪上半叶的《森林法》《水法》《渔业法》以及1969年重点关注污染防治的《环境保护法》。瑞典环境立法的繁荣时期始于1972年斯德哥尔摩联合国人类环境会议。几十部环境法律和几百个政府条例的颁布以及早期立法的更新，使瑞典于20世纪90年代初逐步形成了完整的环境法体系。直至1992年里约联合国环境与发展大会之后，瑞典环境立法正式进入了法典化阶段。

环境法典一朝问世的背后，是十载苦心酝酿。早在 1989 年 5 月，瑞典议会的一个委员会就开始了环境法典的起草工作。1995 年加入欧盟之际，环境政策及法律的一体化改革也向瑞典提出了客观的立法需求。与此同时，国际环保理念与国家发展战略的互动，也成为法典化的主要推手。1992 年里约会议对可持续发展理念以国际社会重要文献的方式予以重申，受其影响，瑞典政府内阁于 1997 年秋声明，致力于将瑞典转变成生态可持续国家。1997 年 12 月，社会民主党政府提出一项环境法典草案（Government Bill 1997/ 98: 45），得到了环境政党和左翼党的支持，随后向议会提交了政府议案（Government Bill 1997/ 98:90）。议会于 1998 年春审议，并于6 月通过了该议案。[1]《瑞典环境法典》于 1999 年1 月1 日正式生效实施。

二、瑞典环境法典的体例与主要内容

《瑞典环境法典》在"部件"组织形式上分为编（Part）、章（Chapter）和条（Section）三级，结构整体可分为总则与分则。法典融入了十五项环境立法，[2]由七编三十三章组成，近五百个条文。由于先前制定法中的很

---

〔1〕 Government Offices of Sweden（Regeringskansliet），*The Environmental Code*：*a Summary of the Government Bill*，1998，p. 1.

〔2〕 Government Offices of Sweden（Regeringskansliet），*The Environmental Code*：*a Summary of the Government Bill*，1998，p. 1. 十五项环境单行立法包括《自然资源法》（Natural Resources Act）、《自然保护法》（Nature Conservancy Act）、《动植物物种保护措施法》（Flora and Fauna <Measures Relating to Protected Species> Act）、《环境保护法》（Environmental Protection Act）、《健康保护法》（Health Protection Act）、《水法》（Water Act）、《农业用地管理法》（Agricultural Land Management Act）、《转基因生物法》（Genetically Modified Organisms Act）、《化学产品法》（Chemical Products Act）、《生物杀虫剂法》（Biological Pesticides <Advanced Testing> Act）、《林地杀虫剂法》（Pesticides <Spreading over Forest Land> Act）、《含硫燃料法》（Fuels <Sulphur Content> Act）、《公共清洁法》（Public Cleansing Act）、《水体倾倒废物禁止法》（Dumping of Waste in Water <Prohibition> Act）和《环境损害法》（Environmental Damage Act）。

多相似规定已经被一般规定所替代，法律条款的数量有所减少；同时，仅将基础规定纳入该法典，而更多细则则留待政府条例来细化。[3]

《瑞典环境法典》的七编分别为总则、自然保护、关于特定活动的特殊规定、案件与事项的审查、监督等、处罚和赔偿等。具体内容大致如下：

法典的第一编是总则（General Provisions），主要包括环境法典的立法目的、适用范围以及一般规则等内容。法典开篇第一章即表明其旨在促进可持续发展，以确保当代与未来世代有一个健康和良好的环境，因而原则上法典适用于一切可能危害环境的人类活动。[4] 然而，在水务作业、基因工程、化学品管理等一些特定领域，法典相关规定的适用范围有限。[5] 在此有一个重大变化值得注意，法典将先前基于水务作业和化学品管理等特殊领域的规则，归纳并推广至针对所有涉及环境危害风险的活动和措施。[6] 具体体现在法典第二章所提出的十项一般规则，这些规则主要作为行为人的环境义务以及政府许可的考虑因素。具体包括证明责任规则、必备知识规则、预防规则、最佳适用技术规则、合理选址规则、产品选择规则、资源管理和生态循环规则、成本合理规则、污染者负担规则与危险活动停止规则。[7] 此外，第三章和第四章针对土地和水资源管理作出了规定，其中最主要的理念在于土地和水资源应基于其性质与现有需要来确定其用途，而对于在整体上具有国家利益的地区，该地的开发

---

〔3〕 *Swedish Environmental Code*, Preface, p. 1.

〔4〕 Government Offices of Sweden (Regeringskansliet), *The Environmental Code: a Summary of the Government Bill*, 1998, p. 2.

〔5〕 Government Offices of Sweden (Regeringskansliet), *The Environmental Code: a Summary of the Government Bill*, 1998, p. 3.

〔6〕 Government Offices of Sweden (Regeringskansliet), *The Environmental Code: a Summary of the Government Bill*, 1998, p. 3.

〔7〕 此处归纳参考了以下材料：Government Offices of Sweden (Regeringskansliet), *The Environmental Code: a Summary of the Government Bill*, 1998, p. 3；李挚萍：《可持续发展原则基石上的环境法法典化——瑞典〈环境法典〉评析》，载《学术研究》2006 年第 12 期；Eckard Rehbinder：《欧洲国家的环境法法典化——从比较法角度的审视》，沈百鑫译，载徐祥民主编：《中国环境法学评论》（2013 年总第 9 卷），科学出版社 2013 年版，第 114～126 页。

利用行为则受到更为严格的限制。本编中一项新的变革是引入了环境质量标准(第五章),通过对标准的制定、内容、遵守与审查等方面的规定,政府得以给人体健康和环境提供持久的保护。这一编最后还规定了环境影响报告和其他决策指导数据等内容(第六章)。

第二编是自然保护(Protection of Nature),包含区域保护和动植物物种保护。第七章涉及国家公园、自然保护区、文化保护区、自然遗迹、动植物栖息地保护区域、沿岸保护区、环境保护区、水域保护区、特别保护区以及特别保留区等区域保护。第八章重点规定了动植物物种保护的特殊情形,如禁止伤害、杀害或捕获野生动植物及其他特定保护措施。

第三编是关于特定活动的特殊规定(Special Provisions Concerning Certain Activities)。有关环境危害活动及其他影响健康保护的活动,在遵守法典一般规定的同时,还需适用本编的特殊规定。第九章首先对环境危害活动和健康保护作出一般性规定,之后的章节则在各自的活动领域内展开,具体包括污染区域(第十章);水务作业(第十一章);采石业、农业和其他活动(第十二章);基因工程(第十三章);化学品和生物技术有机体(第十四章);废物和生产者责任(第十五章)。

第四编是案件与事项的审查(Consideration of Cases and Matters)。除审查的一般规定(第十六章)外,还涉及中央政府对许可事项的审查(第十七章)和中央政府对被提起上诉决定的审查(第十八章)、行政机构和市政当局对事项的审查(第十九章)、环境法庭的案件及其诉讼程序(第二十章至第二十三章)、许可的效力和审查(第二十四章)以及诉讼费用和其他类似费用(第二十五章)等内容。其中环境法庭制度的革新尤其值得注意。该法典创设了地区环境法庭(Regional Environmental Courts)来取代先前的国家环境保护许可委员会和水法庭;在斯维亚上诉法院(Svea Court of Appeal)内增设环境上诉法庭(Environmental Court of Appeal),并于瑞典最高法院内设立环境终审法庭。由此建立起一套内置于普通法院体系中的独立的环境法庭审判制度。

第五编是监督等(Supervision etc.),旨在确保法典的各项规定得到有效遵守。第二十六章规定了监督体制,包括各级政府与相关部门的监督职责及其颁布指令的规定,以及活动行为主体的自我监督机制等方面。第二十七章涉及收费的相关规定。第二十八章规定了特定情形下的准入许可,政府机关和私主体为履行其环保职责,有权进入不动产、建筑等相关设施,但若造成损害或侵扰,则需给予赔偿。

第六编是处罚(Penalties)。处罚规定和没收(第二十九章)这一章虽与刑法典中相关的环境刑事责任有所衔接,但环境法典中也存在很多具有独立罪名的条款,如环境犯罪(environmental offence)、环境侵害罪(causing environmental disturbance)、处理化学品危害环境罪(environmentally hazardous handling of chemicals)以及非法从事未授权环境活动罪(unauthorized environmental activity)等。这些环境犯罪的处罚力度有所加大,同时在很多情形中,主观方面的入罪门槛也由重大疏忽降低至一般程度上的疏忽。另外,环境法典中的"环境处罚费"(environmental sanction charges)(第三十章)作为一项新型收费制度,取代了先前实际上很少使用的环境保护费。当经营者怠于遵守环境法典的相关规定或者违反了许可等规定,则需支付环境处罚费。这一制度采取严格责任,并且其适用不排除刑事处罚。

最后的第七编是赔偿等(Compensation etc.)。第三十一章规定了适用于特定公共干预和水务作业许可申请程序相关的赔偿事项。第三十二章是对特定环境损害类型的赔偿以及其他私人索赔的基本规定,此章所指的赔偿主要针对由于在不动产上从事某些活动而造成的人身损害、物质损失和金钱损失;若不动产的使用由此遭受重大妨害,则不动产所有人可以要求强制购买;此外,个人还可提起诉讼,要求停止违法活动或采取防护措施。第三十三章规定了环境损害保险和环境清理保险。从事环境危害活动的行为人需支付保险金,前者适用于人身损害和财产损失,后者则适用于清理污染和恢复环境。

三、瑞典环境法典化的特点及启示

就世界范围而言,诸如德国、法国等欧洲国家较早开始了环境法典化的探索，而瑞典作为个中翘楚，其法典化历程和已有成果可以给我国带来如下四方面的启示：

第一，单行立法的狂欢之后，是环境法典化的必然起点。回想20世纪末期的瑞典，在其单行立法日趋完善的同时，环境法体系难免出现冗杂与冲突等问题，加之可持续发展等环境治理新理念的盛行，最终促使瑞典成为欧洲环境法典化浪潮中的先行者之一。类比瑞典环境立法的发展阶段，我国近三十年间环境立法也可谓逐步繁荣，然而当前的环境法体系亦不可谓毫无问题。例如，2014年修订后《环境保护法》新增的环境信息公开与公众参与规则，是否需要在后续的单行法中每每重复？面对这一困惑，《大气污染防治法》修订选择了重复规定，如果考虑立法资源的珍贵而断然不予重复，则如何面对公众基于非专业角度发出的质疑。而立法上的冗杂、缺失甚至冲突也必将导致执法与司法上的困境。同样承袭自大陆法系，瑞典选择了法典化路径来应对单行法繁杂冲突的问题，在一定程度上也揭示了环境立法模式向法典化转变的必然趋势。尽管仍存在一些怀疑的声音，但法典固有的权威性与严密性等特征对增强我国环境法治实践意义重大。

第二，编纂模式的选择，是环境法典化的"任督二脉"。形式编纂与实质编纂的权衡取舍，决定了法典化的指导思想以及实施路径。瑞典环境法典采用了框架性编撰加授权立法的实质编纂模式，既汇集整合了诸多已有立法，又在一定程度上作出革新，实现了环境立法现代化的愿景。同时，环境法典与道路法、铁路建设法、森林保护法等单行法平等适用，如此即以更新特别法的方式侧面弱化了法典可能存在的僵化之弊端。基于环境问题的时代特征，该法典颁布之后几乎每年都进行修订，这体现法典化的开放性一面，法典并非僵化不变，能具有接受新内容的空间和机制，才能因具有必要的灵活性而可以持久。就我国环境立法现状而言，纯粹意义上的实质编纂难度恐有点高，而形式编纂又难免徒有其表，因此，或可借鉴瑞典模式。

第三，国际先进理念与国内发展战略的融合，是环境法典化的着力点。瑞典环境法典在产生之初,即受到国际环境理念的影响;而其总则部分,更是从立法目的到一般原则,再到质量标准与环境影响评价制度,都充分彰显了可持续发展、生态保护优先等先进的环境立法理念。观其主要内容,也反映了瑞典水土丰富的国情,即较污染防治而言,更加注重自然资源保护,不仅单设第二编自然保护,在总则部分更是强调了对土地与水资源的保护。当前可持续发展理念盛行于国际社会,而我国也以生态文明与绿色发展作为经济社会发展转型的宏观指导,因而,未来我国环境法典的立法目的、基本原则以及主要制度也需以"统筹山水林田湖草"为核心切入。

第四,相对固定的体系与适时体现革新,是环境法典化中另一需要研究解决的课题。除采用"总则—分则"的一般结构外,保持基本编章相对稳定,是瑞典环境法的另一特色。但如何应对和适应不断发展的环境保护问题,是同时必须兼顾的一个法典化的立法技术课题。就借鉴瑞典环境法典而言,其中尤为值得注意的是环境法庭制度以及法律责任衔接问题。现今,我国也正在加快推进环境资源审判专门化建设。2014 年 6 月,最高人民法院创设环境资源审判庭;截至 2017 年 5 月底,全国范围内共设立各级环境资源审判业务机构 940 余个,但在管辖、受案范围、特殊审判规则等方面,仍需进一步深化环境司法改革,《瑞典环境法典》的相关章节就非常值得借鉴。同时,《瑞典环境法典》在法律责任方面,也充分衔接了刑事、民事以及相关政府责任,更是创新加入了保险制度以实现环境责任的社会化分担。环境法律责任与其他部门法的联动是一种必然,侵权责任法巩固和丰富了环境侵权责任规则,新《环境保护法》增加了按日计罚等行政法律责任方式,并完善了环境民事公益诉讼,《刑法修正案(八)》使环境犯罪成为行为犯。这些成果未来在环境法典中如何体现,法律责任及其追究程序的衔接可谓至关重要。

四、瑞典环境法典翻译工作始末

作为环境法学研究的一分子,中国人民大学环境法专业的师生较早关注到环境法典化这一时代命题，并积极参与其中，承担了瑞典、法国、意大利三国环境法典的中译工作。在完成了前期的资料收集之后，《瑞典环境法典》的翻译工作于2017年3月正式开始，6月完成初稿。之后，又经由三轮校对，分别是：首先，校译者审读后提出建议并退还初译者进行返工修正；其次，校译者统稿并梳理翻译中的共性问题，然后向瑞典专家请教，逐条确定统一翻译对策后，再次返回初译者完善；最后，校译者分工交叉审议修改等。最终，由本人作为项目负责人再次逐条审校定稿，于12月完成了此本译作。在这近十个月的翻译过程中，我们定时召开小组工作会议，及时反馈工作进展。为保证法典前后语言与逻辑的一致性，我们要求各位翻译者随时总结问题，并在小组会上反复斟酌后，给出统一的核心术语和法条名称对译表，其间还多次通过邮件或当面向瑞典环境法专家求助，请求根据瑞典语原文和官方英译版进行法条含义和理解的解答，力求准确理解文义、精练表达文本。此书附件中的法律名称对照表和专业术语对照表也最终由此形成。

其间，我们于2017年10月21日至22日在北京成功举办了“各国环境法典翻译出版国际研讨会”，会议邀请到德国、法国、瑞典、意大利和俄罗斯的学者，分别对各国环境法典化的历程与经验予以介绍。其中，瑞典环境与能源部法律服务司副司长、高级法律顾问苏珊娜·耶兰（Susanne Gerland）女士在报告中介绍了法典的主要框架与内容，而瑞典乌普萨拉大学的扬·达尔佩（Jan Darpö）教授则对二十年来《瑞典环境法典》的经验作出评价与总结。在22日下午的各法典翻译研讨的分会场上，《瑞典环境法典》翻译工作组更是有幸与瑞典学者就翻译中所遇到的各项问题进行面对面的交流，我们全体翻译组成员就所列二十余个一般性问题和近百条具体语词理解和翻译问题向两位专家请教，他们不辞辛劳，克服时差困扰，逐一解答我们的疑惑，与我们交流到深夜。对此，我们深表崇敬与感谢！也正是得益于这次深入讨论，此本译作才更显“原汁原味”。

在此补充说明两个问题。首先是有关翻译版本的选择问题。此次我们翻译的环境法典版本是瑞典环境保护部(Mnistry of Environment,现改为 Ministry of the Environment and Energy,环境与能源部)官网上所刊载的2000年英文译本,该英文译本以1998年瑞典语版为基础,加入了翻译当时已经完成的法典修订内容。选择这一版本进行翻译,原因有三。一是基于知识产权的考虑。据苏珊娜·耶兰女士介绍,瑞典官方并未公布2015年版的英译本,且尚未有计划将其公开,目前唯一可用作有权翻译并出版的版本只有2000年的英译版。而考虑翻译时间紧迫,工作小组短时间也难以找到能够熟练掌握瑞典语的环境法学者。因此,基于语言、专业与版权的整体考量,2000年英译版成为我们当前翻译对象的最佳选择。

二是原本计划将2015年英译版的主要变动以附件形式呈现,但瑞典教授却不建议增加该附表。扬·达尔佩教授认为,两个英文版本在细节上的变化仅是根据瑞典自身国情出发所做出的调整,并不一定适合中国借鉴。对比最新的2015年英译版,2000年英译版一方面在结构和主要内容上基本一致,如在立法理念、立法目的、法典范围、原则条款以及基本制度等方面都未做改动。而另一方面,变动的内容也大多是瑞典国内法对欧盟法变化的回应性更新,如新增了有关碳封存的相关条款;或者是由于瑞典本国警察系统等行政体制改革而带来的个别修正;甚至英译本的一些变化单纯是基于完善英文译本的语言所进行的调整。可见,新旧版本的变化在实质上无碍于我国借鉴的初衷,毕竟法律移植的精髓在于对其理念与骨架的学习,而非细节性的照搬。

三是较为原始的版本似乎更可以看出瑞典在法典化之初的境况。其法典化的动因、面临的困难、可预见的成果等方面正与我国如今相似,也因此对2000年英译版的翻译不仅在于对法典文本的呈现,也在于一定程度上对当时环境法典化的背景的还原,更具借鉴价值。

我们要借鉴的是最值得借鉴的版本,我们所努力超越的是以英文译本为“敲门砖”之路径,以上述翻译工作的态度、机制、过程去突破障碍,探索瑞典环境法典化之初的精髓,因此,我们选择了2000年官方英译本为翻译对象。

诚然，在翻译中我们也意识到《瑞典环境法典》2000 年的英译版在语言表达上较为晦涩甚至冗杂，于是，22 日下午分会场的第二个讨论主题即是解决翻译中的各项具体问题。此前，张燕雪丹博士已经将初译者所提疑惑予以汇总，会上我们就此百余项问题列清单逐一请教了瑞典学者。其中，一类问题需要结合瑞典自身的行政体制来理解。例如，在环境法典所提及的诸多政府机关中，"the Government"或者"State"皆指中央政府，而瑞典在地方上则主要有"Municipality"和"County"两级行政机构，前者对应的是"市政区域"，后者对应的是"郡"。"市政区域"如瑞典斯德哥尔摩市由很多市政区域组成，而瑞典的"郡"，其概念类似于我国的"省"，但从地理区域上来比较则小于我国"省"的范围，一共有 21 个。"市政区域"是自治机构，由历史上的传统演化和法律变革而形成，但"郡"是行政区划，依法设置。在法典中，因为文中出现"Municipality"时往往指的是市政区域的管理机构，所以在翻译时我们对应翻译为"市政当局"，用以区别其他类型的政府机构，突出其自治性质。另一类问题涉及瑞典环境法中较为特殊的制度，如环境影响评价中的"报告"（notification），这一程序主要适用于具有微小环境影响的活动，此时只需要向相关机构报告而不要求得到回应，即可开展相关活动，但这并非真正意义上的法定许可，因此不受法律保护，而在随后的监督活动中，可因其环境影响而被要求变更。还有一些问题则有关立法技术，如一段话之后会紧跟着带有括号的词语，这种情况下，括号中的词语即是给之前内容所下的定义，在下文即可直接使用该词语而避免赘述；又如"（Law 2000：×××）"与"（Law 1999：×××）"，是 2000 年的英译版针对环境法典在 1998 年颁布后于 1999 年和 2000 年所做修订的地方而特别作出的标记。单纯因语言表达也产生了一些翻译上的问题，如法典中常见的"damage and detriment"，二者的含义较难区分，但后者实际上指较为小的损害，翻译为"妨害"，而 2015 年英译版中用"nuisance"替换"detriment"的修正也验证了这一点；再如法条中的"license"与"permit"实际上并无区别。

此外,就瑞典环境法典的章节条款序号,我们在对比该法典瑞典文版和英译版四级序号的基础上,将编号“1 kap”(英文“Chapter 1”)、“1 §”(英文“section 1”)、“första stycket”(英文“first paragraph”)和“1.”(英文“1.”)相应地翻译为“第一章”、“第1条”、“第1款”和“(1)”。该编号体例首先尊重了法典原文的本意,并在此基础上兼顾了中文法条序号的习惯,并保持了编号体例的全书统一。相信读者可以根据译文找到法典相应的英译版或瑞典文原文。

《瑞典环境法典》的翻译工作组由本人、都柏林大学张燕雪丹博士以及中国人民大学法学院环境与资源保护法学专业的六名博士研究生和2013级硕士校友孙海萍组成。具体各章的翻译分工依次为:

田时雨　第一至六章、第二十九至三十章、第三十一章第1至18条
蒙禹诺　第七至十一章、第三十二章
王盛航　第十二至十五章、第三十一章第27至36条、第三十三章
丁　霖　第十六至十九章
竺　效　第二十至二十一章
孙海萍　第二十二至二十三章、第三十一章第19至26条
梁晓敏　第二十四至二十八章

附录部分的法律名称对照表由田时雨在各章初译者翻译的基础上统一整理;专业术语对照表由张燕雪丹和吴凯杰在各章初译者翻译的基础上统一整理;瑞典地名对照表所涉地名由张燕雪丹在各章初译者翻译的基础上统一整理。全书由竺效、张燕雪丹、吴凯杰和田时雨校对、统稿,由竺效审定译稿。译者还编辑了1999/2000年修改条款列表供读者研究对照参考。

最后,特别感谢对此次翻译工作提供大力支持的阿里巴巴慈善基金会,以及为法典翻译作出贡献的北京大学教育基金会。对领导和推动此项法典翻译工作的吕忠梅教授、汪劲教授、张梓太教授等国内外学者,为

此书翻译出版提供诸种帮助的法律出版社吴昉编辑、北京大学法学院王社坤副教授等,我们在此一并致谢。

然而,囿于知识及语言,此译作仍有诸多不足,敬请读者斧正。

竺 效

2017 年 12 月 24 日于明德法学楼

主译者简介

竺 效 1977 年 12 月出生于浙江宁波。法学博士;现任中国人民大学法学院教授、博士研究生导师;兼任最高人民法院环境资源司法理论研究基地(中国人民大学)副主任兼秘书长;中国环境科学学会环境损害鉴定评估专业委员会副主任委员;中国法学会环境资源法学研究会常务理事、副秘书长。2017 年,入选"教育部青年长江学者",获"中国十大青年法学家"提名奖;2015 年,入选"国家高层次人才特殊支持计划"(万人计划)青年拔尖人才;2014 年,入选首批"国家环境保护专业技术青年拔尖人才"。主要从事环境法教学和研究工作,已在《中国法学》等核心刊物上发表中文学术论文四十余篇,论文已被《新华文摘》全文转载一篇,被《人大复印资料》全文转载十七篇、转摘三篇,被《高等学校文科学术文摘》转摘三篇;已在 SSCI 刊物上以主要作者身份发表英文学术论文三篇;已出版中文专著三部、英文专著一部,主编教材一部。曾获 2008 年全国优秀博士学位论文提名论文奖、第六届吴玉章人文社会科学奖青年奖。

前　言*

瑞典环境法典于1998年通过并于1999年1月1日生效。法典对15部法律中的相关条款进行了编撰。因为之前法律中许多类似规则都被共同规则合并替代,法条的总数量有所减少。总体而言,环境法典是一项重要的立法成就。法典包括三十三章,由近500个条文组成。然而,环境法典只包含了最根本的环境规范。更为细致的规定体现在中央政府发布的法规之中。

该(英文)翻译版本包含了法典生效后至2000年8月1日期间修订的内容。被修订的法律用圆括号标注出来,括号内是该法律的索引号。然而,规范过渡期或生效日期的法律没有包括在内。

关于汽油燃料和柴油燃料环境等级的两个附录并未包括在翻译版本之内。

瑞典环境保护部发布该翻译版本的初衷是为向感兴趣的个人提供一项服务,但对该翻译版本不承担任何法律责任或任何由于该版本的使用而产生的后果。

---

* 此为瑞典环境保护部为2000年官方英译版所作前言。

目　录

第一编　总　　则

第二编 自然保护

第三编 关于特定活动的特殊规定

第四编　案件与事项的审查

第五编 监 督 等

第七编 赔 偿 等

第一编

总　则

第一章　环境法典的目的和适用范围

第 1 条　本法典的目的在于促进可持续发展，以确保当代与未来世代有一个健康和良好的环境。发展应当基于这样一种认识，即自然是值得保护的，与我们改造、开发自然的权利相伴随的是明智管理自然资源的职责。

环境法典的适用应当确保：

(1) 人体健康和环境免受污染物或其他影响造成的损害和妨害；

(2) 有价值的自然和人文环境得以保护与保存；

(3) 生物多样性得以保存；

(4) 对土地、水和整体自然环境的利用得以保障生态、社会、文化和经济等方面的长期良好管理；以及

(5) 材料、原材料和能源的再利用、循环利用以及其他管理模式得到鼓励，以期建立和维持自然循环。

第 2 条　第三章和第四章的规定应当仅适用于第七章中相关事项的审查，第九章、第十一章和第十二章关于要求许可的活动的审查，第十七章关于中央政府审批事项的评估，以及下列法律中的相关规定：《民用航空法》(1957: 297)、《大陆架法》(1966: 314)、《道路法》(1971: 948)、《特定管道法》(1978: 160)、《公共航道和公共港口的建立、扩建和关闭法》(1983: 293)、《特定泥炭沉积物法》(1985: 620)、《规划与建筑法》(1987: 10)、《矿产资源法》(1991: 45)、《瑞典经济区法》(1992: 1140)、《铁路建设法》

(1995:1649)、《电力法》(1997:857)和《天然气法》(2000:599)。

第3条　除环境法典的规定外,其他法律的规定也应当适用于可能对人体健康、环境或其他受本法典保护的利益造成损害或妨害的活动。

《工作环境法》(1997:1160)的规定应当适用于工作中疾病和事故的预防,以及其他主要与工作环境相关的事项。

第4条　《瑞典与芬兰之间于1971年9月16日达成的关于边界河流的协定》(1971:850)的相关规定应当适用于特定环境危害活动和特定水务作业。

第5条　为了加强特殊情况下的国防准备,中央政府在必要时可以通过克减本法典的方式来发布有关全面防卫的规则,但这不适用于须通过法律来颁布规定的领域。

第6条　由于欧盟条约和其他措施以及欧共体决议而引起的规定,包含在《关于瑞典加入欧盟这一特定事件的法》(1994:1500)中。

第7条　《道路法》(1971:948)第26条适用于特定道路区域及邻近区域的废物收集。

《民用航空法》(1957:297)第一章第2a条和第三章第1条适用于航空器的超音速飞行和航空器的环境适应性。《特定管道法》(1978:160)第23条适用于管道铺设及使用的特定情形。《天然气法》(2000:599)第二章第3条适用于天然气管道的建设。

第二章　审查等的一般规则

第 1 条　在与损害赔偿以外的审批、许可、批准和豁免事项的审查相关联，且与本法典的监管相联系的情况下，从事某项活动或采取某种措施的人员，或意图采取上述行为的人员，应当表明其遵守了本章所规定的义务。上述规定也适用于已经从事了可能会引发环境损害或妨害的活动的人员。

“措施”在本章中指在具体情形中并非仅具轻微重要性的举措。

第 2 条　从事某项活动或采取某种措施的人员，或意图采取上述行为的人员，必须具备与其所从事活动或所采取措施的性质和范围相应的必要知识，以保护人体健康和环境免受损害或妨害。

第 3 条　从事某项活动或采取某种措施的人员，或意图采取上述行为的人员，应当实施保护性措施，遵守限制条件并采取其他必要的防范措施，以预防、阻止或应对因上述活动或措施而引发的对人体健康或环境之损害或妨害。出于同样的原因，在专业活动中应当使用最佳可用技术。

一旦有理由假定某项活动或措施可能引发对人体健康或环境的损害或妨害，就应当采取此类防范措施。

第 4 条　出于活动和措施的目的而使用土地或水域的，除了纯粹是临时性的，应当根据第一章第 1 条、第三章和第四章的规定选择一个合适的场地。

活动和措施的场地应当始终以这样一种方式选择，使其能在达成目的的同时最小化对人体健康和环境的损害或妨害。

第5条 从事某项活动或采取某种措施的人员，应当节约原材料和能源，并尽可能地再使用和循环利用它们。可再生能源应当得到优先使用。

第6条 从事某项活动或采取某种措施的人员，或意图采取上述行为的人员，在可以使用被认为危险较小的替代化学品或生物技术有机体时，应当避免使用或销售那些可能包含人体健康或环境风险的产品或有机体。同样的要求适用于包含化学品或生物技术有机体的产品，或者经化学品或生物技术有机体处理过的产品。

第7条 在遵守法律未被视为不合理的情形下，应当适用第2条至第6条的规定。应当对保护性措施和其他防范措施较之于其成本的收益给予特别的关注。在与全面防卫活动相关的评估中，或当有必要采取全面防卫措施时，也应当考虑成本效益关系。

依照第1款所达成的决定不得违反第五章规定的环境质量标准。

第8条 从事或已经从事某项活动或采取某种措施，并对环境造成损害或妨害的人员应当承担相应责任，直到损害或妨害停止，并依照第十章的规定在合理范围内救济损害或妨害。该行为人可能根据本法典的规定承担损害或妨害赔偿责任。

第9条 如果某项活动或措施可能引起人体健康或环境的重大损害或妨害，即使依本法典的要求采取了保护性措施和其他防范措施，该活动或措施也只能在特殊情形下开展。

如果某项活动或措施易于导致许多人生活状况的显著恶化或者造成

环境的重大损害，则不得开展该项活动或措施。

第 1 款和第 2 款的规定不适用于中央政府根据第十七章第 1 条、第 3 条或第 4 条所许可的活动。

第 10 条　如果基于公共利益的考虑，某项活动或措施被认定为特别重要的，则即使存在第 9 条第 2 款所提及的情形，中央政府亦可以许可该活动或措施。然而，如果该活动或措施可能对公众健康造成损害，则不适用此规定。

为保障公共利益，可以对根据第 1 款所做的决定附加限制性条件。

第三章　土地和水域管理的基本规定

第1条　土地和水域的使用应当基于其性质、状况及现有需要，确定最适合该区域的用途。应当从公共利益的角度优先考虑那些促进良好管理的利用方式。

第2条　不受开发项目或其他环境侵扰影响，或者受其影响较小的大块土地和水域，应当尽可能避免可能严重影响其特性的措施。

第3条　从生态角度而言特别脆弱的土地和水域，应当尽可能避免可能损害自然环境的措施。

第4条　农业和林业具有国家层面的重要性。

只有当需要保障重大国家利益，且从公共利益角度出发无法使用其他土地来满足该需要时，适宜耕种的农业用地才可以被用于开发或建设目的。

林业重要用地应当尽可能避免可能不利于林业合理发展的措施。

第5条　对驯鹿饲养、商业捕鱼或水产养殖具有重要性的土地及水域，应当尽可能避免可能严重干扰这些产业经营的措施。

因用于驯鹿饲养或商业捕鱼而具有国家利益的地区，应当避免第1款所指的措施。

第 6 条　因具有自然或文化价值或户外娱乐价值等公共利益而重要的土地和水域以及整体自然环境,应当尽可能避免损害自然环境或人文环境的措施。对城市及其周边区域的绿地需求应给予特别考虑。

出于自然保护、人文环境保护或者户外娱乐的需要而具有国家利益的地区,应当避免第 1 款所指的措施。

第 7 条　蕴藏有价值的物质或材料的土地和水域应当尽可能避免可能不利于提取该物质或材料的措施。

因蕴藏物质或材料而具有国家利益的地区,应当避免第 1 款所指的措施。

第 8 条　特别适于工业生产、能源生产、能源传输、通信、供水或废物处理等设施选址的土地和水域应当尽可能避免可能不利于此类场所建立或使用的措施。

因第 1 款所提及的设施而具有国家利益的地区,应当避免可能不利于此类场所建立或使用的措施。

第 9 条　因全面防卫目的而重要的土地和水域,应当尽可能避免可能危害全面防卫利益的措施。

因全面防卫设施的需要而具有国家利益的地区,应当避免可能不利于此类场所建立或使用的措施。

第 10 条　凡第 5 条至第 8 条所提及的地区,存在不相容的用途但均具有国家利益的,应当优先考虑那些最有可能促进土地、水及整体自然环境可持续管理的用途。如果某地区或其中部分地区是全面防卫设施所需要的,则应当优先考虑防卫利益。

根据第 1 款所做的决定不得违反第四章的规定。

第四章　有关瑞典特定区域土地和水资源管理的特别规定

第 1 条　第 2 条至第 7 条所提及的地区，因存在其中的自然和文化资源而在整体上具有国家利益。只有在不违反第 2 条至第 7 条的规定，并能够以不明显损害这些地区的自然和文化资源的方式实施时，才可以在这些地区进行项目开发或其他环境干预活动。

本条第 1 款和第 2 条至第 6 条的规定，不应妨碍现有市区或当地工业的发展，或出于全面防卫目的而进行的设施建造。在特殊情况下，这些规定不应妨碍建造用于提取第三章第 7 条第 2 款所指物质或材料沉积物的构筑物。

第 2 条　在下列地区，应当对旅游与户外娱乐利益，尤其是户外娱乐运动，给予特别考虑，将之与项目开发或其他环境干预活动的审批评估放在一起：

从挪威边界到吕瑟希尔之间的布胡斯省沿海地区和群岛；

哈兰省沿海地区；

库拉贝里和哈兰山及其临近的沿海地区；

希灵厄的奥尔纳哈森南部与奥胡斯之间的斯科纳省沿海地区；

奥斯卡港与阿尔克松德之间的斯莫兰和东约特兰省的沿海地区和群岛；

乌克瑟勒松德与海兰和辛岛之间的南曼兰省和乌普兰的沿海地区和

群岛；

翁厄曼河河口的斯图尔河谷与海洛恩苏德之间的翁厄曼兰省沿海地区和群岛；

邦多菲耶尔山区与芬兰边界之间的北博滕省沿海地区和群岛；

厄兰岛；

哥得兰岛；

斯科纳省内鲁默勒山脊周边的湖泊与山脊景观；

奥斯嫩湖，包括岛屿及沿岸地区，以及向南到达默鲁姆和米恩湖周边地区，及至皮卡维克海湾和利斯特地区；

维纳恩湖，包括岛屿及沿岸地区；

韦特恩湖，包括岛屿及沿岸地区；

蒂山森林、温登湖和维肯湖的周边地区，以及卡尔斯堡与舍托普之间的约塔运河周边地区；

达尔斯兰－努德马克地区，在梅勒吕德及维纳恩湖附近的安利姆梅恩湖，与南至达尔斯－埃德北至奥尔延及东瓦尔斯库格的湖系之间；

弗吕克斯达伦，在希尔与图什比以及图什比市内的克拉尔河上游周边地区之间；

梅拉伦湖，包括岛屿及沿岸地区；

斯图奥、科帕尔贝里、斯梅杰巴肯及欣斯卡特贝里之间的马灵斯布－克洛滕地区；

阿沃斯塔与斯屈特谢尔之间的达尔河周边地区；

锡利扬湖和乌沙湖，包括岛屿及沿岸地区；以及厄勒河、斯卡通恩湖和奥雷湖的周边地区，包括向南延伸自奥雷湖和布达到赖特维克的地区；

费里拉与贝里维克之间的于斯南河周边地区；

温德尔达伦河谷；

自特兰斯特兰德菲耶尔山南至泰瑞德斯罗赛特之间的山区，第 5 条所提及的山区除外。

第 3 条　第十七章第 1 条第(1)项至第(11)项和第(17)项所指的活

动和作业不得建立在挪威边界与布罗弗约登之间的布胡斯省沿海地区和群岛，辛配赖普与阿尔克松德之间的斯莫兰省和东约特兰省，以及翁厄曼河河口的斯图尔河谷与海洛恩苏德之间的翁厄曼兰省，或厄兰岛。

第 4 条 在布罗弗约登与辛配赖普之间以及阿尔克松德与福什马克之间的沿海地区和群岛、哥得兰岛沿岸、厄斯特冈岛和斯托苏拉特、哥得兰岛和福勒，永久的娱乐性住房只可作为现有建筑的补充物而建造。然而，存在特殊原因时，可建造其他娱乐性住房，特别是那些为了满足户外娱乐运动需要而建造的住房，或在人口中心区附近由简易度假屋构成的住房。

在第 1 款所提及的地区内，第十七章第 1 条第（1）项至第（7）项和第（10）项至第（11）项所指的活动和作业只可以在已经存在适用相应许可申请程序规定的活动和作业所在地开展。

第 5 条 在朗菲耶尔莱特－罗根湖、叙拉纳山－海拉格山、谢克山、布尔瓦特纳、欧塔哈菲耶尔山区、弗罗斯特维肯－博尔加菲耶尔、马什山－瓦多菲耶尔山区、阿特山、泰纳－温德菲耶尔山区、萨勒克－马瓦斯湖、凯布讷山－斯加聂加、洛斯图和帕辛肯的山区，只有出于必要的驯鹿饲养、人口居住、科学研究或户外娱乐运动目的，才可以建造房屋和构筑物。其他措施只有在不影响这些地区特性的情况下，才可以被采用。

第 6 条 在托尔讷河、卡利克斯河、皮特河和温德尔河所在的国家河流，包括它们的水域、源头河流和支流，以及在下列水域，包括其源头河流和支流，不得建造水力发电站，并且不得以发电为目的进行水资源调配和分流。

达尔河	韦斯特达尔河上游、胡默弗奥森和厄斯特达尔河
于斯南河	瓦勒哈格上游的沃克斯南河
永安河	斯图尔湖上游的永安河与霍尔姆湖上游的基姆河
因达尔河	阿雷河、阿默、斯图尔河－达姆河以及哈坎河
翁厄曼河	克拉尔河、克伦普瓦特纳湖上游的斯图尔河、朗塞兰－罗斯乔姆塞、萨山河、拉恩萨恩湖上游的拉恩萨伦河和沃伊姆湖上游的沃伊蒙河
韦夫斯纳河	
穆河	
洛基河	
厄勒河	
于默河	塔尔纳安、吉尔杰森和法罗索肯湖上游的尤克特河
塞瓦尔河	
谢莱夫特河	塞德瓦湖上游的源头河流、里布纳斯湖和马伦河
比斯克河	
奥比河	
吕勒河	阿卡湖上游的斯图奥吕勒河、斯卡尔卡湖和夏克夏湖上游的利尔吕勒河以及派尔河
罗讷河	
埃姆河	
布拉克乐安河	
默鲁姆河	
福莱利恩河	
恩宁达尔河	挪威边界上游的恩宁达尔河

在下列河段中，不得建造水力发电站，并且不得以发电为目的进行水资源调配和分流。

克拉尔河	赫利耶斯和埃德拜克之间的河段
达尔河	斯基福斯弗奥森下游的韦斯特达尔河和纳斯布拉克下游的达尔河
于斯南河	海德与斯瓦格湖之间的河段以及拉弗奥森与阿布拉斯乔阿纳之间的河段

永安河	哈文湖和霍尔姆湖之间的河段以及维夫奥森下游河段
因达尔河	兰德湖下游的隆安河
翁厄曼河	埃瑟勒与海尔古姆湖之间的法克斯河
于默河	斯托尔莱森与耶乌坦湖之间的泰纳奥森河

第 1 款和第 2 款不适用于对环境只造成轻微影响的水务作业。

第 7 条 索尔纳－哈加－布伦斯维肯－于高登地区是一个国家城市公园。

国家城市公园里的新开发项目、新建筑和其他措施只有能够以不侵蚀公园景观或自然环境，且不损害历史景观的其他自然及文化遗产的方式进行时，才可以获得批准。

第五章　环境质量标准

环境质量的有关规定

第1条　为了给人体健康或环境提供持久的保护，或救济对人体健康或环境的不利影响，中央政府在必要时可以针对特定地理区域或整个国家发布有关土地、水、空气或整体环境的规则(环境质量标准)。

中央政府可以指定一个公共机构发布因瑞典的欧盟成员国身份而引起的环境质量标准。

环境质量标准规定的事项

第2条　环境质量标准应当规定一定的污染或干扰水平，使暴露于其中的人们免于承受重大妨害的风险，或者使暴露于其中的环境或自然免于承受严重妨害的风险。

环境质量标准规定的水平必须在一个特定日期后得到遵守。它们应当指明：

(1)土壤、地表水和地下水、空气或整体环境中所含化学产品或生物技术有机物的最大值或最小值；

(2)噪声、振动、光照、辐射或其他此类影响的最大水平；或

(3)水系、水道、地下水或部分水系、水道、地下水的水位或流量的最大或最小水平或阈值。

环境质量标准也可以规定地表水和地下水中所含有机体的最大值或最小值,以作为环境状况的指标。

环境质量标准应当在必要时接受审查。

环境质量标准的遵守

第3条 公共机构和市政当局应当确保根据第1条所采纳的环境质量标准经由以下方式得到遵守:

—与审批、许可、批准、豁免和报告相关的决定;

—监督;或

—发布规则。

市政当局和公共机构应当协同遵守环境质量标准与规划。

第4条 活动应当以不违反环境质量标准的方式开展。

第十六章第5条包含了当涉及违反环境质量标准时,不得对活动授予许可的规定。第二十四章第5条第(2)项包含了当活动对违反环境质量标准负重大责任时,许可或其附属条件可能要接受审查的规定。

行 动 方 案

第5条 出于遵守环境质量标准的需要,或出于瑞典作为欧盟成员国的身份,应当制定行动方案。在这种情况下,中央政府应当根据第1条发布的规则或根据实际需要,采取此类行动方案或决定由一个或多个公共机构或市政当局制定此类行动方案。中央政府可以指定一个公共机构采取出于瑞典的欧盟成员国身份而产生的行动方案。

当一个地理区域因受区域外活动影响而未能遵守环境质量标准时，中央政府或中央政府指定的机构应当对可能影响标准遵守之干扰所在地的整个区域制定行动方案。

公共机构或市政当局在制定行动方案之前，应当与其他受影响的机构或市政当局协商，并与受重大影响的经营者协商。由市政当局制定的行动方案应当经市议会批准。

行动方案应当递交给中央政府指定的机构。

本条所称“市政当局”应当包括市级区域联盟。

第 6 条　行动方案可以涉及对第 2 条第 1 款所指的污染或干扰水平造成影响的任何活动。行动方案应当规定：

（1）必须遵守的环境质量标准；

（2）为确保在第 2 条第 2 款所述日期前遵守环境质量标准所需采取的措施；

（3）确保所需措施得到执行的机构和市政当局；和

（4）措施完成的时限。

必要时应当对行动方案进行审查，且至少每五年审查一次。

行动方案的审查

第 7 条　中央政府可以规定由中央政府对特定的行动方案进行审查。

行动计划

第 8 条　中央政府可以制定任何因瑞典的欧盟成员国身份而需要采取的行动计划，或者决定由一个或多个机构或市政当局或市级区域联盟来制定此类行动计划。

检测和检查

第9条　当发布第1条所述的规则时，中央政府还应当决定检测执行人，以检查环境质量标准的遵守情况。

中央政府或其指定的机构可以发布关于检测方法和结果报告的相关规则。

第六章　环境影响报告和其他决策指导数据

何时需要环境影响报告

第1条　环境影响报告应当与第九章、第十一章和第十二章规定的许可申请，或者依照本法典发布的规则规定的许可申请一同提交。基于第十七章规定的审批评估，也应当提交此类报告。

中央政府可以规定，基于豁免申请或本法典规定的其他事项或依本法典制定的规则，需要对环境影响进行评估时，也应当编制环境影响报告。当活动的环境影响可能较小时，中央政府也可以规定豁免根据第1款编制环境影响报告的要求。

第2条　为了促进环境影响评价，必要时中央政府可以规定在出现下列情形时应当提交环境影响报告：

(1)另一法律规定应当在适用该法律时考虑人体健康或环境的事项；

(2)除第1条规定以外适用环境法典的其他事项。

除另有规定外，本章规定应当适用于第1款所指的环境影响报告。

环境影响评价的目的

第3条　环境影响评价的目的是确定和描述某项计划活动或措施对人、动物、植物、土地、水、空气、气候、景观和人文环境的直接和间接影响，对土地、水和整体自然环境的管理，以及对材料、原材料和能源的其他管理的直接和间接影响。它的另一个目的是全面评价上述计划活动或措施对人体健康和环境的影响。

《预防和限制严重化学事故后果的措施法》(1999: 381)所涵盖活动的环境影响评价的目的包括识别和评估活动周边可能影响其安全性的因素。

有关重大环境影响的早期协商和决定

第4条　有意从事某项本法典或依本法典发布的规则要求取得许可证或政府批准的活动或措施的人员，应当在早期与郡行政议事会进行协商。他们也应在提交许可申请和准备第1条所要求的环境影响报告之前，与可能受到影响的个人进行协商，该协商必须在合理的时间以及合适的范围内进行。协商之前，有意从事某项活动的人员应当向郡行政议事会和任何受影响的个人提交关于计划活动的地点、范围和性质，以及预期环境影响的信息。

第1款规定也应当适用于依照第1条第2款要求进行环境影响报告的相关事项。

经协商，郡行政议事会应当决定该活动或措施是否可能具有重大环境影响。该决定不得上诉。决定作出前，主管机构不是郡行政议事会的，应当获得该主管机构对此事项的意见。

中央政府可以具体规定通常可能具有重大环境影响的活动和措施。

扩大协商，包括环境影响评价

第 5 条　如果郡行政议事会依照第 4 条规定判定某项活动或措施可能具有重大环境影响，则应当进入环境影响评价程序。在该程序中，有意开展活动或措施的人员应当与可能受影响的其他政府机构、市政当局、公民和组织进行协商。协商应当涉及活动或措施的位置、范围、设计和环境影响，以及环境影响报告的内容和结构。

第 6 条　如果某项活动或措施可能对其他国家造成重大环境影响，中央政府指定的负责机构应当向该国主管机构告知有关计划活动或措施，并为相关国家和受影响的公民提供参与申请和环境影响评价相关协商程序的机会。

依其他可能暴露于重大环境影响的国家所要求，也应当提供此类信息。

环境影响报告的内容

第 7 条　对于可能具有重大环境影响的活动或措施，其环境影响报告应当包含为实现第 3 条所述目的而需要的信息，包括：

(1)对活动或措施的描述，包含位置、设计和范围的细节；

(2)对为避免、减轻或救济不利影响而计划的措施的描述，例如为避免出现违反第五章所指环境质量标准的活动或措施而采取的行动；

(3)确立和评估活动或措施可能具有的对人体健康、环境以及土地、水和其他资源管理的主要影响所需要的信息；

(4)对可能的替代场地和替代设计的描述，连同选择特定替代方案的理由说明和活动或措施未实施的后果描述；以及

(5)第(1)项至第(4)项所规定信息的非技术性概要。

当郡行政议事会根据第 4 条第 3 款判定活动或措施可能具有重大环境影响时,可以要求提交一份描述采取类似方法实现同样目的之报告,与第 1 款第(4)项对替代设计的描述放在一起。

针对不太可能具有重大环境影响的活动或措施,环境影响报告应当基于该活动或措施的性质和范围,在必要的程度上包含第 1 款所规定的信息。

如果活动适用《预防和限制严重化学事故后果的措施法》(1999:381),则申请案件的申请应当根据第二十二章第 1 条第 1 款第(6)项的规定包含一份安全报告。

报告和评论的机会

第 8 条 当编制的环境影响报告所涉及的案件或事项与环境危害活动或水务作业相关时,其报告应当与第十九章第 4 条和第二十二章第 3 条所指的申请通知一并公布。为其他案件或事项编制环境影响报告,其中活动或措施可能具有重大环境影响时,相应报告应当公布。已经提交申请的,环境影响评价报告应当与申请通知一并公布。申请和环境影响报告应当自此对公众开放,使公众在案件或事项处理之前有机会对其进行评论。

对案件或者事项作出判决或决定的,应当公布。同时,有关公众如何获取决定信息的详细说明也应当公布。根据第 6 条,参与协商的国家政府主管部门也应当被告知。

环境影响报告的批准与审查

第 9 条 机构在处理需要进行环境影响报告的案件或事项的申请

时，应当单独发布决定或与该案件或事项的决定一并发布，说明环境影响报告是否符合本章所述要求。此类决定不得单独上诉，而只能与该案件或事项的决定一同上诉。

审查申请时，机构应当考虑环境影响报告的内容，以及根据第 4 条至第 6 条和第 8 条所指的协商和评论的结果。

环境影响报告的费用

第 10 条　环境影响报告和环境影响评价程序的费用应当由第 1 条所提及的申请人或由其他需要编制环境影响报告的人员承担。

规划和规划性文件

第 11 条　适用本法典的机构应当确保在案件或事项中提供《规划与建筑法》(1987:10)所要求的任何规划和相关的规划性文件，以澄清土地和水资源管理事宜。

依机构要求，市政当局必须提供《规划与建筑法》所要求的规划和相关的规划性文件。

第 12 条　郡行政议事会应当校对政府部门所持有的与该郡水土管理相关的研究、项目和其他规划性文件。根据请求，郡行政议事会必须向负责适用本法典的市政当局和机构，以及需要编制环境影响报告的任何人员提供此类规划性文件。

第 13 条　在具体案件中，中央政府可以决定一个或多个市政当局必须向中央政府或一些其他机构说明市政当局是如何根据《规划与建筑法》(1987:10)在其规划中试图：

(1)执行根据第五章第 5 条制定的行动方案,或者促进遵守第五章所指的环境质量标准;和

(2)依照第三章和第四章保障水土管理的相关利益。

如果需要此类声明,政府机构应当报告中央政府。

第二编

自然保护

第七章　区 域 保 护

进入私人土地的权利等

第 1 条　任何人员在行使进入私人土地的权利或因其他原因逗留于自然环境中时，应当保持应有的小心和谨慎。

国 家 公 园

第 2 条　中央政府可以经议会同意指定属于国家所有的土地或水域为国家公园，使大型相邻区域的特定景观类型得以保持其自然状态或基本不变。

第 3 条　中央政府或中央政府指定的机构可以发布维护与管理国家公园的相关规则，以及在国家公园内使用土地或水资源权利的限制性规则。

自然保护区

第 4 条　为了保存生物多样性，保护和保存珍贵的自然环境，或者为了满足户外娱乐用地的需要，郡行政议事会或市政当局可以宣布土地或水域为自然保护区。

为了保护、恢复或建立珍贵的自然环境或珍稀物种的栖息地，任一区域也可以被指定为自然保护区。

第5条 建立自然保护区的决定应当包括一份陈述，指出做出决定的原因。

该决定还应当详细阐述为了实现保护目的而对土地和水域使用权作出的必要限制，例如禁止开发、兴建栅栏、填埋垃圾、挖掘、采石、农业耕种、挖沟、种植、伐木、打猎、捕鱼以及使用农药。这样的限制可以要求全年或在一年中的部分时间内禁止进入该区域。

如果随后出现的新原因或者有证据表明为了实现保护目的必须施加进一步的限制，市政当局或郡行政议事会可以采取相应决定。

第6条 为了实现自然保护区的目的，郡行政议事会或者市政当局在必要时可以要求不动产所有人和特殊权利享有人接受在其区域内的如下侵扰：

(1)修建公路、停车场、小径、旅店民宿、野营场地、浴池、卫生设施或其他的类似便利设施；

(2)公众进入通常情况下禁止进入的土地；

(3)伐疏林地、清理、制备牧草、种植、放牧、兴建围栏或采取类似措施；或

(4)对动植物物种和水土环境进行研究。

第7条 在极其特殊的情况下，郡行政议事会或市政当局可以全部或部分地撤销依据本章第4条至第6条作出的决定。

在特殊情况下，郡行政议事会或市政当局可以授予行为人不受自然保护区相关规则约束的豁免权。如果授予豁免的决定指向的措施自获得法律效力之日起两年内没有开始或者在五年内没有完成，则授予该豁免

的决定终止适用。

根据第29条的规定,针对第28条中所指的特别保护区或特别保留区,撤销保护或是授予豁免权的决定在特定情形下需要先得到中央政府批准才能够作出。

只有对自然保护区或其他地区中受到侵占的自然资产做出合理赔偿之后,才能做出撤销相关保护或是授予豁免的决定。

第8条 涉及新建或改变自然保护区的决定不得与根据《规划与建筑法》(1987:10)制定的具体发展规划或区域发展规划相冲突。然而,在不与规划或法规目的相冲突的情况下,可以对其做出微小修改。

文化保护区

第9条 为了保存有价值的文化景观,某块土地或水域可以被指定为文化保护区。该区域应当适用本章第4条至第6条的规定。该区域中存在《古迹及发掘法》(1988:950)规定的作为历史建筑物保护的建筑或构筑物、教堂遗址或是固定古建筑的事实不应影响该区域被指定为文化保护区。

第7条和第8条也适用于根据本条所做出的决定。

自 然 遗 迹

第10条 郡行政议事会或者市政当局可以把需要特别保护和护理的特定自然物体指定为自然遗迹。自然物体周边的土地在必要时也可以划入自然遗迹,以便提供充足的空间对该遗迹进行保护。

本章第5条至第8条关于自然保护区的规定同样适用于自然遗迹的保护。

动植物栖息地保护区域

第 11 条 小块土地或水域所形成的濒危动植物栖息地或其他具有特别保护价值的土地或水域，可经由中央政府或中央政府指定的机构划定为栖息地保护区。此类区域的划定可适用于单个地区，或全国、部分地区的所有特定类型地区。

在栖息地保护区不得实施损害自然环境的活动或措施。中央政府指定所有特定类型地区为栖息地保护区的，可以在作出决定的同时发布关于豁免此类活动或措施的规则。只能在特殊情况下授予该豁免。

中央政府或中央政府指定的机构可以采取必要措施以保护栖息地保护区。采取相关措施前，应当通知该区域的所有权人以及任何特殊权益的享有人。

即使被提起上诉，建立栖息地保护区的决定应当立即生效。

野生动物和植物禁猎禁伐区

第 12 条 如果某一动植物物种需要在特定区域中进行特殊保护，且所需保护程度超过第八章第 1 条和第 2 条的禁止性规定以及狩猎和捕鱼法规中有关禁止和限制的规则，则市政当局或郡行政议事会可以发布规则限制打猎、捕鱼以及公众或土地所有人进入该区域的权利。

沿岸保护区

第 13 条 沿岸保护适用于海洋、湖泊以及河道。

沿岸保护的目的是确保公众对户外娱乐场所的准入以及维护陆地和水中动植物物种的良好生存条件。

第 14 条　正常平均水位情形下,距岸线 100 米范围内的土地和水域应当得到保护(沿岸保护区)。为了实现沿岸保护的目的,中央政府或中央政府指定的机构可以将沿岸保护区的范围扩展至最多不超过岸线 300 米的范围。

即使被提起上诉,扩大沿岸保护的决定应当立即生效。

第 15 条　对于明显不具有沿岸保护重要性的岸边区域,中央政府或中央政府指定的机构可以规定对其免除保护。

在特殊情况下,若沿岸保护区将被划入根据《规划与建筑法》(1987:10)制定的具体发展规划或区域发展规划,则中央政府或中央政府指定的机构可以规定该区域不再受到保护。如果该区域不再被纳入具体发展规划或区域发展规划,则其应当再次受到保护。

第 16 条　在沿岸保护区,禁止下列行为:

(1)新建建筑物;

(2)以显著地改变原有使用方式为目的,改建建筑物;

(3)为完成第(1)项和第(2)项中涉及的建筑工程而进行的挖掘或其他准备活动;

(4)修建其他构筑物或工程,妨碍或阻止公众进入原本可以自由进入的区域或严重影响到动植物物种的生存条件;或

(5)其他对动植物物种生存环境造成显著影响的措施。

第 17 条　第 16 条所列明的禁止性措施不适用于:

(1)基于农业、渔业、林业或驯鹿饲养目的而必需的非用于居住目的之建筑物、构筑物、工程或相关措施;或

(2)中央政府依据第十七章第 1 条、第 3 条或第 4 条允许的活动或措施,或者根据本法典或依本法典发布的规则而许可的活动或措施。

中央政府或中央政府指定的机构可以规定第 16 条所指的禁止令不适用于小片土地上为现存建筑物提供补充功能且比主建筑物距河岸更远

的建筑、构筑物或工程。

第 18 条　在特殊情况下，郡行政议事会可以针对本章第 16 条的规定授予豁免权。授予豁免的，郡行政议事会应当确定建筑用地的范围或特定目的用地的范围。

如果授予豁免的决定所指向的相关措施自获得法律效力之日起两年内未开始或者在五年内没有完成，则授予该豁免的决定终止适用。

环境保护区

第 19 条　当某区域或某区域中的一部分因受到污染或环境质量不达标而需要采取特别规则时，中央政府可以将大范围土地或水域指定为环境保护区。

第 20 条　中央政府或经政府授权的郡行政议事会应当就环境保护区中的活动发布保护性措施、限制和其他预防措施相关的必要规则，以实现设立环境保护区的目的。在特殊情况下，郡行政议事会可以针对环境保护区的规则授予豁免。

第十章包含了与环境危险区有关的特别规定。

水域保护区

第 21 条　为了保护用作集水区或可能用作集水区的地表水或地下水，郡行政议事会或市政当局可以将某片土地或水域指定为水域保护区。

第 22 条　市政当局或者郡行政议事会应当发布相关规则对水域保

护区内处置不动产的权利加以必要的限制，以实现设立该保护区的目的。如有必要，市政当局或者郡行政议事会可以规定竖立标志牌或围栏，并为此目的而使用他人的土地。即使被提起上诉，这些规则应当立即生效。

在特殊情况下，郡行政议事会或者市政当局可以针对水域保护区的规则授予豁免。

海洋研究

第23条　除已经获得许可或提交了进行研究活动报告的外，为了保护海洋环境，中央政府或中央政府指定的机构可以规定注册于其他国家或隶属于其他国家的研究船只不得在瑞典领海进行海洋研究。

对该类研究的准许可能会受时间或特殊条件的限制。

临时禁止令

第24条　在提议将某个区域或物品作为自然保护区、文化保护区、自然遗迹或水域保护区进行保护，或提议扩大已经进行保护的区域或物品范围后，市政当局或者郡行政议事会可以针对未获得许可但对该区域或物品产生影响并与保护目的相冲突的措施，施加不超过三年的禁止令。在特殊情况下，该禁止令可以延长不超过一年。在极其特殊的情况下，该禁止令可再次延长不超过一年。

即使被提起上诉，根据第1款所施加的禁止令应当立即生效。

利益考量

第25条　在考量本章所提及的保护区事项时，也应当对私人利益予以考虑。因本章的保障条款而对私人主体的土地或水域使用权施加的限制，不得超过实现保护目的所必要的限度。

第 26 条 只有与该禁止令或规则的目的一致时，才能依据第 7 条、第 9 条至第 11 条、第 18 条、第 20 条、第 22 条针对依据本章发布的禁止令或其他规则授予豁免。

未遭破坏的自然环境区域名录

第 27 条 中央政府或中央政府指定的机构应当持续更新未遭破坏的自然环境区的名录。对这些地区实施的保护应当符合国际承诺或与此类地区保护相关的国家目标。这份名录应列明为列入某个地区提供依据的国际承诺或国家目标。

后续的保护措施应当对列入名录的区域给予优先考虑。

特别保护区和特别保留区

第 28 条 依照《欧盟理事会关于野生鸟类保护的指令》(79/409/EEC，1979 年 4 月 2 日，由欧盟委员会指令 97/49/EC 进行最后修订)，若某片未经破坏的自然环境区对于鸟类保护特别重要，则中央政府可将该区域指定为特别保护区。

根据《欧盟理事会关于自然栖息地及野生动植物保护的指令》(92/43/EEC，1992 年 5 月 21 日，由欧盟理事会指令 97/62/EC 进行最后修订)，当欧盟委员会认定某片区域涉及欧盟利益时，中央政府应当将该区域指定为特别保留区。

如果某区域中的自然资源不再符合第 1 款或第 2 款所规定的指定条件，则中央政府经与欧盟委员会协商，可以撤销依据第 1 款和第 2 款所作的指定。

第 29 条　未经中央政府准许,不得决定全部或部分地撤销对特别保护区或特别保留区的保护、对保护措施的豁免或者对相关措施的授权。

如果某活动明显不会对该区域的自然资源造成轻微以上之损害,则上述规定不适用于授予豁免或许可的决定。

法　　规

第 30 条　中央政府或者中央政府指定的机构在必要时可以针对本章规定的保护区域发布有关区域内旅行和逗留权利的法规,以及与该区域内其他秩序相关事项的法规,以达到环境保护的目的。市政当局决定建立保护区域的,可以发布此类规则。

即使被提起上诉,法规应当立即生效。

对市政当局的授权

第 31 条　中央政府或中央政府指定的机构可以决定将第 18 条赋予郡行政议事会的权力授予给市政当局。

第八章　保护动植物物种的特殊规定

第1条　中央政府或者中央政府指定的机构可以制定规则,禁止在瑞典全境或者部分地区杀害、伤害或捕获野生动物,禁止摘取或损害该类动物的蛋、卵、巢。当野生动物物种存在濒临灭绝、遭受过度开发的风险,或者它们是瑞典遵守国际承诺所需要保护的物种,可以制定此类规则。但是,因防卫对人身或对有价值不动产的攻击而必须杀死、伤害或捕捉此类动物时,上述禁令不适用。

如果杀害或捕获特定野生动物物种的行为与狩猎或捕鱼活动相关,则应当另行适用相关特别规定。

第2条　中央政府或中央政府指定的机构可以制定规则,禁止在瑞典全境或者部分地区移除、破坏或者摘取野生植物的种子或者其他部位。当野生植物物种存在濒临灭绝、遭受过度开发的风险,或者它们是瑞典遵守国际承诺所需要保护的物种,可以制定此类规则。

第3条　为了保护野生动植物物种或者自然环境,中央政府或中央政府指定的机构可以制定规则,禁止将动植物物种的样本释放到自然环境中,或对此类行为施加特殊条件。

其他法律已有相关规定的,不适用本法。

与转基因有机生物体有关的规定包含在第十三章中。

第 4 条　为了保护野生动植物物种，中央政府或中央政府指定的机构可以发布关于动植物进出口、运输、收容、准备和陈列展出或贸易的规则。出于遵守瑞典在该领域的国际承诺或其他原因的需要，可以制定此类规则。规则还可以约束针对卵、蛋、巢或从动植物中提取的其他产物进行的相应行为。

规则可以针对第 1 款所提及的措施施加禁止令、要求获得许可或者要求符合其他特殊条件。

第 5 条　即使被提起上诉，依据本章规定发布的规则或者在具体案件中作出的决定应当立即生效。

第三编

关于特定活动的特殊规定

第九章　环境危害活动和健康保护

定　　义

第 1 条　“环境危害活动”指的是：

（1）从土地、建筑物或构筑物排放废水、固体废物或废气到土地、水域或地下水中；

（2）对土地、建筑物或构筑物的使用，由于第（1）项所指以外的排放行为或者土地、空气、水域或地下水污染，而导致损害人体健康或环境的风险；或

（3）对土地、建筑物或构筑物的使用，由于噪声、振动、光污染、电离或非电离辐射或类似干扰，而可能造成周围环境的轻微损害。

第 2 条　“废水”指的是：

（1）排放水、污水或其他废液；

（2）冷却水；

（3）包含在具体发展规划中的基于地面排水目的而引流的水，且该引流并非基于服务特定不动产的目的；

（4）为了墓地排水而改道的水。

第 3 条　“对人体健康的妨害”指的是从医疗或卫生角度易于导致

健康上非轻微或非暂时的不利影响之任何干扰。

环境危害活动和健康保护的一般规定

第4条　存在需要保护人体健康或环境的特殊原因时,中央政府可以就部分地区制定规则或者做出决定,禁止如下行为:

(1)从土地、建筑物或构筑物排放废水、固体废物或者废气;或

(2)处置固体废物。

上述规定同样适用于可能对水域、土地或地下水造成污染或不利影响的其他活动。

第5条　为了保护人体健康或环境,当发布规则比针对具体案件做出决定更为合适时,中央政府可以对第4条所述情况之外的环境危害活动发布规则,列明禁止事项、保护性措施、限制条件和其他预防措施。为遵守瑞典作出的国际承诺也可以发布此类规则。在特殊情况下,中央政府可以授权一个机构发布此类规则。

必要时,中央政府可以发布规则,要求采取超出瑞典作为欧盟成员国的义务或它作出的国际承诺范围的预防措施。

关于环境危害活动的许可和报告要求

第6条　中央政府可以规定,如果事先未取得许可或报告,不得进行下列活动:

(1)建造或运行特定种类的工厂、其他设施或者进行其他危害环境的活动;

(2)向土地、水体或地下水排放废水;

(3)排放或处置固体废物或者其他易于污染土地、水体或地下水的

固体物质；

(4)上述第(1)项至第(3)项中涉及的环境危害活动，其生产、处理过程或其他参数方面发生了修改，且该修改并非细微可忽略的。

即使根据第1款不需要许可时，当活动包含造成重大污染或其他对人体健康或环境重大损害的风险时，监督机构也可以在具体案件中命令经营者申请许可。

从事或者意图从事某项环境危害活动的人员可以根据本法典的规定申请许可，即使该许可是非强制性的。

第7条　废水应当经由改道和净化，或者经由其他方式处理，以避免对人体健康或环境造成损害。为了实现上述目的，应当修建适当的污水处理系统或其他工程。

中央政府可以发布规则，规定在未取得许可或未报告的情况下，禁止修建或者改变上述污水处理系统或其他工程。

中央政府可以授权市政当局发布第2款所指的规则。

第8条　环境危害活动的许可申请应当由环境法庭进行审查。

中央政府可以规定，特定种类活动的许可申请应当由郡行政议事会审查。当环境危害活动可能对环境造成的影响很小时，中央政府可以规定由市政委员会对许可申请进行审查。与瑞典武装部队、国防行政局、国防物质行政局或国防无线电中心有关的许可申请，应当一律由郡行政议事会审查。

环境危害活动的报告应当按照中央政府的指示，向瑞典武装部队环境执法局、市政当局或郡行政议事会提出。

与健康保护有关的特殊规定

第9条　住宅和公共场所的使用应当以防止对人体健康造成损害的

方式进行,并且应当保持没有寄生虫和其他害虫。

对于存在问题的不动产,所有人或承租人应当采取合理措施来防止或消除对人体健康的损害。

第 10 条 地下水收集构筑物应当以确保不对人体健康造成损害的方式来建造和使用。

在地下淡水稀缺或存在稀缺风险的地区,即使根据第十一章的规定不需要许可,市政当局也可以要求在建造和使用地下水收集构筑物之前,从该市政当局获得许可或事先报告。上述规定应当适用于有必要预防对人体健康造成损害的情形。市政当局也可以要求特定地区的现存构筑物提交报告。

第 11 条 在必要时,中央政府可以针对具体发展规划或区域发展规划所包含的地区,规定未经许可不得豢养某种特定的动物,以防止对人体健康的损害。

中央政府可以授权市政当局发布上述规则。

第 12 条 中央政府或中央政府指定的机构可以对第 10 条和第 11 条规定以外的情形发布必要的规则,以实现保护健康的目的。中央政府可以授权市政当局发布此类规则。

根据第 1 款发布的规则可以规定,如果未事先取得市政当局的许可或报告,不得从事可能造成人体健康损害的活动或者不得建造某些构筑物。

第 13 条 为保护人体健康免受损害而发布的市政规则不得对公众造成不必要的胁迫,或者对人身自由进行任何其他不正当的限制。

第十章 污 染 区 域

调查及事后治理的责任

第1条 本章适用于因严重污染而可能对人体健康或环境造成损害或妨害的土地、水域、建筑和构筑物。

第2条 从事或已经从事某项活动或者采取某项措施的人员(经营者),如果其行为是造成污染的原因之一,则应当承担第1条所指区域、建筑或构筑物的事后治理责任。

第3条 如果经营者没有能力对被污染的不动产采取事后治理措施或者支付治理费用,则取得该不动产且在取得不动产时知道或应当知道污染的人,应当承担事后治理责任。如果所获不动产是《所得税法》(1999:1229)第二章第13条定义的私人住宅,则只有知道污染存在时受让人才承担责任。在建筑或构筑物受到污染的情况下,上述规定应当适用于获取建筑或构筑物之上不动产的人员。获得土地承租权的情形应当被视为获取不动产。

第1款的规定不适用于根据《银行法》(1987:617)第二章第8条银行为了诉讼保全而取得不动产的情形。

第 4 条 事后治理法律责任是指对事后治理负有责任的人员在合理的范围内,采取必要的事后治理措施或者支付治理费用,以防止、应对针对人体健康或环境的后续损害或妨害。在确定责任范围时,应当考虑污染发生后经过的时间长度、责任人是否有义务预防将来的损害以及其他相关情况。如果经营者可以证明他只在有限的范围内对污染负责,则应当将这一点也纳入考虑。

《诉权限制法》(1981:130)不适用于事后治理的法律责任。

第 5 条 接受事后治理的不动产所有人,尽管并不承担第 2 条或第 3 条所指的责任,但有义务在合理范围内承担由于事后治理引起的不动产升值的相应费用。

第 6 条 若多个经营者须按照第 2 条承担责任,则他们应当承担连带法律责任,其责任范围不受限于第 4 条第 1 款的规定。但是,当经营者表明其对污染仅负有显著轻微责任以至于事后处理显得不合理时,只需承担与其污染份额相适应的责任。

多个责任人支付的费用应当在他们之间进行合理分配,应当考虑他们对污染的贡献程度和其他相关因素。

第 7 条 如果多个不动产所有人或者土地承租人根据第 3 条的规定需要承担责任,则他们应当承担连带法律责任,其责任范围不受限于第 4 条第 1 款规定的范围内。

多个责任人支付的费用应当在他们之间进行合理分配,应当考虑他们获取不动产时的知情程度和其他相关因素。

第 8 条 第 2 条、第 3 条、第 4 条、第 6 条和第 7 条应当适用于承担调查第 1 条所指的土地和水域、建筑和构筑物上污染状况所需费用的法律责任。

在考虑其可能从调查中获得的收益、其财务状况以及其他相关因素后，本条第 1 款所指的不动产、建筑或构筑物的所有人，即使根据第 2 条或第 3 条无须承担法律责任，仍然有义务在合理范围内承担调查费用。

强 制 报 告

第 9 条　无论该地区是否曾被认为受到污染，不动产所有人或使用人在发现任何有可能对人体健康或环境造成损害或妨害的污染时，都应当立即通知监督机构。

环境危害区

第 10 条　当土地或水域发生严重污染，以至于从人体健康或环境风险的角度来分析，有必要对土地的使用施加限制或制定其他预防措施时，郡行政议事会应当以决定的形式声明该土地或水域为环境危害区。在做出此类声明决定时，应当考虑污染对人体健康或环境的危险性、程度、扩散的可能性以及周边环境的脆弱性。

第 11 条　郡行政议事会可以命令任何根据第 8 条应当承担责任的人员提交许可申请程序所需的调查，违者可处以罚金。为了实现事后治理的目的，郡行政议事会发出的强制令可以要求必须按照第二十八章第 5 条的规定给予进入相应区域的准入权。郡行政议事会也可以要求进行必要的调查，并由责任人承担相关费用。

第 12 条　当一个地区被宣布为环境危害区时，郡行政议事会应当对土地的使用施加限制，或对不动产所有人及其他人员拟采取的特定措施附加条件，或者要求提前通知监督机构。

第 1 款所提到的限制和报告之要求可能会涉及挖掘、发掘和土方工事、开发以及其他土地利用或者其他措施，进而导致下列情形之一的，郡行政议事会也可以决定在进行必要的现场调查之前，不得采取此类措施或者不得转让不动产：

—该地区和周边土地的污染物输入增加；

—任何其他环境状况的恶化；或

—未来事后治理措施的困难。

郡行政议事会也可以决定在进行必要的现场调查之前，不得采取此类措施或者不得转让不动产。

第 13 条 当环境危害区经过事后治理，或当污染由于其他原因已经消失，以至于对土地使用施加限制或其他预防措施不再必要时，郡行政议事会应当改变或发布新的条件，或者撤销将地区认定为环境危害区的决定。

第 14 条 中央政府或中央政府指定的机构可以发布有关环境危害区的进一步规则。

第十一章　水务作业

本章内容

第1条　本章包含了有关水务作业和水中构筑物的规定。相关规定也包含在《关于水务作业的特殊规定法》(1998:812)第六章第5条中。

定　　义

第2条　“水务作业”是指：

(1)在水域中建造、改造、修复和拆毁水坝或其他水中构筑物，在水域中进行填筑和堆筑作业，在水域中进行排水、挖掘、爆破、清洗作业，以及其他以改变水体深度或位置为目的的措施；

(2)地下水改道以及为实现该目的而建造构筑物；

(3)为增加地下水水量而进行的注水作业，以及为实现该目的而建造构筑物及采取其他措施；和

(4)采取措施进行不以分流废水为目的的地面排水，采取措施降低水位或排空某片水域或防水以永久地增加不动产的适用性从而达成某种特定目的(地面排水)。

第 3 条　“水中构筑物”是指为进行水务作业而修建的构筑物及其配套的控制装置。

第 4 条　“水域”是指在预期的最高水位处被水覆盖的区域。

第 5 条　“集水”是指为供水、产生热能或灌溉而转移地表水或地下水。

“水资源调配”是指为其他水务作业而对水道中的水流进行人为控制。

“改道”是指将地表水从一处水域转移至另一处水域的水资源调配。

适用于水务作业的特殊条件

第 6 条　只有从公益和私益的角度出发，进行水务作业带来的收益大于其产生的成本和损害时，方可实施该项作业。

关于特定水中构筑物的进一步规定包含在《电力储备法》(1997: 228)第 19 条和第 20 条中。

第 7 条　水务作业的实施不应对未来其他可能在该水域中进行的活动和其他服务于重要的公共或私人目的之活动产生不利影响。仅当作业的实施方式不会产生不合理费用时，上述要求方可适用。

第 8 条　如果该作业可能对渔业产生不利影响，则意图从事水务作业的人员应自费制定措施并在未来维护这些措施、供水以确保鱼类的顺利通过或渔业的可持续性。对于在作业所在水域或相邻水域中从事保护鱼类的行为，还应为达到上述目的而遵从其他必要条件。在与经营者为守法付出的代价相比较后，若一项具有争议的构筑物或一项条件所带来的利益，不被认为是合理的，则该经营者可以被免除相应义务。

本条关于鱼类的规定也适用于水生软体动物和甲壳类动物。

《关于水务作业的特殊规定法》第六章第 5 条包含可以通过收取捕鱼费用替代第 1 款所规定义务的适用。

水务作业的许可要求

第 9 条　在本法典释义的范围内,水务作业必须根据本章规定获得许可。水务作业的许可申请应当由环境法庭审查。但是,除根据《关于水务作业的特殊规定法》(1998:812)第七章第 19 条和第 20 条必须由环境法庭审查的外,对地面排水的许可申请应当由郡行政议事会审查。

即使特定水务作业不需要申请许可,想要从事该水务作业的人员仍然可以申请许可。

关于地下水分流结构关闭前必须申请许可的规定参见第 23 条。

第 10 条　水务作业需要许可的,在获得许可之前,不得开展与水务作业相关的大规模工程。

第 11 条　下列行为无须获得本章所指的许可:

(1)为一户或两户住宅、农业或林业不动产的个人消费或供热而集水;

(2)为养殖鱼类、贻贝或甲壳纲动物而建造构筑物;或

(3)为不涉及集水的供热而建造构筑物。

第 12 条　水务作业对水体状况的影响未对公共或私人利益产生明显危害的,不必申请本法典所指的许可。

根据第 13 条的规定,第 1 款不适用于地面排水或中央政府要求的其他为地面排水而采取的措施。

第 13 条 未经许可不得进行地面排水。此外,根据中央政府的要求,当其他为地面排水而采取的措施可能会对动植物产生永久的不利影响时,应当获得许可。

但是,对采用的排水管道最大直径为 300 毫米的农业用地排水作业,仅当该作业有可能对公共或私人利益造成妨害时,才应当要求相关许可。

地面排水或其他排水措施的许可应当遵从任何必要条件,以限制或应对针对公众或私人利益的损害。许可中应当规定完成这些措施的时间限制。

对已按照《特定泥炭沉积物法》(1985:620)授予许可执照的泥炭开采,相关的地面排水不必获得本法典所指的许可。

第 14 条 对于根据本章规定需要获得地面排水许可的情形,如果其所在的湿地具有特别的保护价值,则中央政府可以禁止地面排水。

在特殊情况下,郡行政议事会可以对第 1 款施加的禁止令授予豁免。

如果根据第 2 款获得了豁免,则必须根据第 9 条申请地面排水的许可。如果获得了地面排水的许可,则授予豁免的决定不再有效。

第 15 条 为了保持水的深度或位置,或者为了在水道发生位移或改变流向时立即将其复位,而进行的清理作业不需要获得本章所指的许可。

如果作业会影响属于他人的不动产,则在作业开始前必须通知不动产所有人。

如果预期实施的作业可能对渔业造成不利影响,则必须在实施前报告郡行政议事会。

第 16 条 如果因损害或预防损害的需要而必须立即进行改动或修缮,则该项作业可以在未经许可的情况下开展。但是,应当尽快提交相关作业的许可申请。

为了避免生命或健康危险,保存有价值的财产或出于类似原因,必要时可以在未经许可的情况下采取与蓄水或放水规定相反的措施。但是,应当尽快提交相关措施的许可申请。

维 护 责 任

第 17 条　水中构筑物的所有人应当维护这些构筑物,避免因水体状况改变而对公共或私人利益造成损害。基于特殊权利而在他人的土地上建造构筑物的,当该构筑物的所有权在特殊权利消灭后转移至土地所有人名下时,原权利人应当继续承担该构筑物的维护责任。

根据第二十八章第 12 条获得他人的水中构筑物的使用权的人员,应当与所有人一同承担该构筑物的维护责任。环境法庭做出其他裁决的除外。

第 20 条、第 21 条以及第二十四章第 4 条第 2 款包含了转移维护责任的相关规定。

第 18 条　因大坝未能提供预期的防漏水保护而造成损害的,负责维护大坝的水资源调配功能的人员应当赔偿损失(大坝损害)。即使大坝损害并非由负责维护水坝的人员或者维护人员需负责的相关人员造成,上述规定仍然适用。

然而,如果负责维护的人员可以证明大坝损害是战争行为或与武装冲突、内战以及暴动有关的类似行为造成的,则其不承担相应责任。

移 除 等

第 19 条　除非根据第 20 条发布相关命令,根据本法典的相关规定,应当准许对某一水面构筑物进行拆除。

第 20 条　如果移除水面构筑物会对不动产造成损害,环境法庭可以不授权移除水面构筑物的许可,并应该不动产所有人的请求,命令将维护该构筑物责任及构筑物所有人的其他义务转移给该不动产所有人,直至另行通知。

为了保护公众利益,国家、市政当局或水资源管理协会也可以发布此类命令以遵守承诺。

如果不动产所有人明显不具有履行相关义务的能力,或出于申请人或公众利益的考虑,对某构筑物实施移除更为合适时,则不应当发布此类命令。

水中构筑物的所有人因该构筑物的留存而遭受损失的,承担该构筑物相关责任的人员应当对损失支付合理补偿。

第 21 条 当不动产被转让给新所有人,且根据第 20 条第 1 款的规定原所有人在转让后对构筑物承担维护责任时,新所有人应当免除与转让相关的义务。

第 20 条第 1 款规定的转让应当记录在不动产登记册上。

第 22 条 如果全部或部分地封闭一处地下水分流构筑物存在公共或私人利益风险,则该构筑物的所有人应当从环境法庭获得准许。

如果上述措施引起水体状况发生永久性变化,进而对他人的财产造成损害,则应该支付合理赔偿。

已经在他处通过审查的水务作业

第 23 条 以下类型的水务作业应当被准许,但不可违反第二章第 9 条的规定:

(1)根据第十七章第 1 条或第 3 条,水务作业是为了在涉及其他作业的决定中开展作业所必需的条件;

(2)与已经分别审查的公路、铁路、地铁或电车轨道相连的桥梁建造或其他水务作业;

(3)根据《特定管道法》(1978:160)已经获得施工执照的水中管道铺

设作业；

(4)根据《特定泥炭沉积物法》(1985:620)已经获得开采执照的作业；

(5)根据《天然气法》(2000:599)已经获得施工执照的水中天然气管道铺设作业。

第十二章　采石业、农业和其他活动

采　石　业

第 1 条　开采岩石、石块、砾石、沙子、黏土、土壤、泥煤或者其他类型的土壤，必须从郡行政议事会获得许可。然而，土地所有人可以在未经许可的情况下基于个人使用的目的进行上述措施，但须遵守根据第 2 款规定所发布的规则。

中央政府或中央政府指定的机构可以规定未经批准不得实施第 1 款所述的土地所有人为个人使用目的而采取的措施。如果上述措施可能不符合第 1 款所提及的自然资源良好管理，或可能对环境造成不可忽视的损害，则可以根据本款施加获得许可的义务。

第 1 款和第 2 款不适用于：

(1)根据第十一章要求许可的在水域中实施的措施；

(2)依据《大陆架法》(1966:314)要求许可的措施；或

(3)根据《特定泥炭沉积物法》(1985:620)已经批准加工执照的泥炭采石场。

第 2 条　在考虑采石许可的申请时，应当权衡提取材料的需求与采石场可能对野生动植物和整体环境造成的损害。对于任何可能损害濒危、稀有或需要关注的动物或植物物种栖息地的采石作业，不得授予许可。

在审查地表土开采许可的申请时，应当考虑对耕地的需要。

第 3 条　只有许可附属条件的实现获得担保时，采石许可证才可以被授予。在特殊情况下，郡行政议事会可以免除提供担保的要求。有关担保的进一步规定包含在第十六章第 3 条中。

第 4 条　土地所有人或土地的其他权利持有人应当接受任何按照采石许可证中所载附件采取的措施。

第 5 条　中央政府或中央政府指定的机构可以发布规则规定，本法典或依本法典发布的规则要求取得许可的采石场经营者或碎石场经营者应当提供关于作业的任何信息，以供制定自然保护规划所需。

中央政府可以要求第 1 款提及的采石许可证持有人告知郡行政议事会采石场经营者的名称。

当已授予许可证的采石场的经营者不明时，为适用本条规定及根据本条规定制定的规则，许可证持有人应当被视为经营者。

协 商 通 告

第 6 条　如果根据本法典其他规定不需要许可或报告的某项活动或措施会对自然环境产生重大影响，应当按照第二十六章的规定或据此制定的规则向监督机构发出协商通告。

中央政府或中央政府指定的机构可以发布规则，要求活动或措施可能破坏自然环境时，国家或地方一级总能得到协商通告。中央政府或中央政府指定的机构也可以发布规则明确在此类通告中需要提供的信息。

除监督机构另有决定外，必须经通告协商的活动或措施应晚于提交通告后六周开始。

第1款所指的机构可以命令需要提交协商通告的人员采取任何必要措施以限制或者应对自然环境破坏。如果此类措施不充分，该机构可在必要时禁止这一活动，以保护自然环境。有关此类强制令或禁止令的求偿权规定包含于第三十一章。

农业中的环境问题

第7条 依第8条和第9条意旨，“农用地”是指作为农业资产征税且属于不动产的耕地和牧场。但是，上述条款规定不应适用于下列农用地：

(1)属于为非农目的而设立的不动产，且后来未被征税；或

(2)根据《规划与建筑法》(1987:10)制定的具体发展规划或区域发展规划中指定用于非农目的。

第8条 中央政府或中央政府指定的机构可以发布规则，要求与农用地管理和其他农用地使用相关联的自然资产和文化遗产得到照护及谨慎的对待，如农业景观、文化景观和动植物保护。但是，这些规则不能造成过度的干扰，以至于对该不动产相关部分土地的现行使用造成重大困难。

第9条 中央政府或中央政府指定的机构可以规定农用地只有在通告郡行政议事会后才可以从农业生产中撤出，除非这些措施对现存农业或自然和文化环境不具有重要性。

第1款不适用于相关活动的许可事项已另行审查的土地。

第10条 基于环境保护的目的，中央政府或中央政府指定的机构可以发布适当的规则以：

(1)限制持有的动物数量；

(2)规定与粪便管理相关的预防措施;和

(3)规范作物栽培。

动 物 围 栏

第11条　未经郡行政议事会批准,动物围栏不得建造在公众拥有无限制准入权利的地区。

在审查许可申请时,应当考虑保护户外娱乐设施和自然环境的需求。

只有在特殊情况下才能授予在沿岸保护区的动物围栏许可。

有关许可要求的规定

第12条　出于瑞典的欧盟成员国身份,必要时中央政府可以要求获得许可以开展活动或措施。

第十三章　基 因 工 程

应 用 领 域

第 1 条　本章规定适用于转基因有机生物体的限制性使用和故意释放。这些规定同样适用于含有此类有机生物体或由此类有机生物体组成的产品投放市场的情形。

除了第一章第 1 条第 1 款所述目的外,这些规定的目的还包括确保第 1 款所指活动的相关伦理问题得到特别注意。

第 2 条　中央政府可以发布规则,对于用经实验和测试的基因改造方法处理且被证明不包含健康和环境风险的有机生物体,准许免于适用本章规定。

定　　义

第 3 条　"有机生物体"是指能够复制或传递遗传物质的生物实体。

第 4 条　"转基因有机生物体"是指其遗传物质的改变并非以自然交配或天然重组的方式进行的有机生物体。

第5条　“限制性使用”是指对有机生物体采取转基因、培养、储存、使用、运输、销毁、处置或任何其他使用方式，并采用特定的控制措施限制其与一般人群和环境接触的活动。

第6条　“故意释放”是指未经控制故意将转基因有机生物体引入环境中。

第7条　“投放市场”是指向第三方提供或使第三方可以获得产品。

以评估潜在损害风险为目的的强制调查

第8条　一项调查应当在转基因有机生物体的限制性使用和故意释放前开展。该调查应当作为合理评估有机生物体造成的健康和环境损害的恰当基础。调查应当依据科学知识和已证经验进行。在将含有转基因有机生物体或由该有机生物体组成的产品投放市场之前，也应当开展此项调查。

第9条　中央政府或中央政府指定的机构可以针对第8条所指调查发布进一步的规则。

伦理问题和风险预防

第10条　对于转基因有机生物体的限制性使用和故意释放，以及将含有此类有机生物体或由此类有机生物体组成的产品投放市场的情形，应当特别注意相关伦理问题。

第11条　中央政府或中央政府指定的机构可以发布关于风险预防

措施的特别规则。

许可和通告的要求

第 12 条 故意释放转基因有机生物体,或将含有此类有机生物体或由此类有机生物体组成的产品投放市场,应当申请许可。

第 13 条 只有当该活动具有伦理上的正当性时,才能被授予许可。

第 14 条 中央政府或中央政府指定的机构可以发布关于在第 12 条所指的许可被授予之前必须采取预防措施以保护人类健康或环境的规则。

第 15 条 中央政府或发证机关可以发布规则豁免第 12 条规定的许可要求。

第 16 条 中央政府或中央政府指定的机构,如果出于必要的健康或环境考量,可以发布规则针对转基因有机生物体的限制性使用要求许可或报告。

第 17 条 许可申请和报告应当提交给中央政府指定的机构。

许可申请应当在中央政府确定的期限内办理。

许可证有效期为五年,相关决定另有规定的除外。

标　　识

第 18 条 中央政府或中央政府指定的机构可以要求将含有转基因

有机生物体或由此类有机生物体组成的产品投放市场的人员对该产品进行标识。

瑞典基因技术咨询委员会

第19条　瑞典基因技术咨询委员会作为一个特别委员会应当监测遗传工程的发展状况,审查伦理问题,并就遗传工程的运用提供咨询意见。

中央政府应就瑞典基因技术咨询委员会的职能、组成和工作安排发布规定。

第十四章　化学品和生物技术有机体

适 用 范 围

第 1 条　本章规定应当适用于化学品和生物技术有机体。

中央政府或中央政府指定的机构可以规定，当含有或经化学品处理的产品由于其特征可能存在对人体健康、环境或本法典保护的其他利益造成危害的风险时，本法典中与化学品相关的规定应当适用于此类产品。

定　　义

第 2 条　“化学品”是指化学物质或化学物质的制剂。

第 3 条　“生物技术有机体”是指专门作为控制剂制造的或为任何其他技术目的生产的产品，其全部或部分包含活体微生物或由活体微生物构成，包括病毒、线虫类、昆虫类或蛛纲类。

第 4 条　化学品或生物技术有机体的“处理”是指包括制造、加工、处理、包装、储存、运输、使用、处置、销毁、销售、转让等类似程序的任何活动或措施。

第5条　“化学农药”是指旨在预防或阻止动物、植物或包括病毒的微生物对人体健康造成损害或妨害或对不动产构成损害的化学品。

第6条　“生物农药”是指专门生产用于预防或阻止动物、植物或包括病毒的微生物对人体健康造成损害或妨害或对不动产构成损害的生物技术有机体。

环境和健康影响评价

第7条　化学品或生物技术有机体的制造商和进口商应当确保进行适当的调查,作为评估该产品或有机体对人体健康或环境的损害的基础。调查应当依据科学知识和已证经验开展。其应当包括产品在健康和环境保护方面特性的评估,并列明:

(1)产品或有机体的危险特征的物质或有机体来源;

(2)危险特征的性质和程度;

(3)为保护人体健康或环境而采取的与产品或有机体处理相关的任何必要措施;和

(4)与产品或有机体的废物处置有关的必要措施。

产品信息

第8条　化学品或生物技术有机体的制造商或进口商或任何将此类产品或有机体投放到市场上的人,应当通过标识产品或其他方式提供任何保护人类健康和环境必需的信息(产品信息)。

提供信息的义务

第9条 化学品或生物技术有机体的专业用户、进口商和出口商应当在中央政府或中央政府指定机构要求的范围内,向该机构提供关于产品或有机体及其处理的任何必要信息,以满足评估与产品或有机体及其处理、进口或出口相关的健康或环境风险的需要。

产 品 注 册

第10条 专业制造或进口到瑞典的化学品,应当按照中央政府或中央政府指定的机构发布的规则列入产品登记簿。登记簿由中央政府指定的机构保管。

中央政府可以要求为生物技术有机体保存相应的产品登记簿。

事 先 报 告

第11条 中央政府或中央政府指定的机构可以要求意图制造或进口从未在瑞典使用的化学品或生物技术有机体的人员报告任何此类制造或进口的情况,并列出有关研究结果及其他信息。此类报告应当在中央政府或中央政府指定的机构确定的期限内提交给该机构。

许　　可

第12条 中央政府或中央政府指定的机构可以针对以下情况发布

有关许可的规则：

(1)从不属于欧盟成员国的国家进口特别危险的化学品和生物技术有机体；

(2)专业分配或分销特别危险的化学品和生物技术有机体；和

(3)对特别危险化学产品和生物技术有机体的其他处理。

农药的批准

第13条 未事先根据第14条规定从中央政府或中央政府指定的机构取得许可，不得从非欧盟成员国进口化学、生物农药或投放市场、使用。

第14条 如果农药从健康和环境保护的角度来说是可以接受的，且为第5条或第6条所述控制目的所需，则可以给予批准。

如果满足《欧盟理事会关于投放植物保护产品进入市场的指令》(91/414/EEC，1991年7月15日通过，由欧盟委员会指令1999/80/EC进行最后修订)，或《欧洲议会和欧盟理事会关于投放杀灭生物产品进入市场的指令》(98/8/EC，1998年2月16日)的要求，也可以给予批准。

批准授予的期限不得超过五年。但在特殊情况下，可以授予不超过十年的期限。

第15条 中央政府或中央政府指定的机构可以发布关于批准化学品和生物农药的规则。

豁免授权

第16条 在特殊情况下，中央政府或中央政府指定的机构可以豁免第12条至第15条列明的许可或批准要求。在极其特殊的情况下，中央政府或中央政府指定的机构可以在具体案件中免除这些要求。

此类规则或决定可以要求在提供用于出售或使用的化学品或生物技术有机体之前发出报告。

关于农药使用的风险预防

第 17 条　除根据第 13 条至第 16 条规定经批准投放市场并作为化学或生物农药使用,或获得豁免的化学品或生物技术有机体,其他化学品或生物有机体只有当确定其使用不包含对人体健康或环境的任何风险时才可作为控制剂使用。

农 药 传 播

第 18 条　化学或生物农药应当以不损害人体健康、环境或造成其他损害的方式传播,并尽量减少对环境的影响。应当采取措施防止农药扩散到指定扩散区域以外的地方。

化学或生物农药不得通过飞行器进行传播。在极其特殊的情况下,中央政府或中央政府指定的机构可以在个别情况下豁免上述禁止令。

第 19 条　用于控制落叶灌木的化学或生物农药不得在林地上传播。不得对单个树干使用这种制剂。

中央政府或中央政府指定的机构可以在科学实验必需的情况下,豁免上述禁止令。

第 20 条　除第 2 款另有规定外,当《森林保护法》(1979:429)第 6 条施加的关于森林再生的要求不能通过合理的机械化清理方法来达成时,中央政府任命的机构可以豁免第 19 条第 1 款的适用。应当在相关决策时考虑森林的状况和性质、森林的构成、传播农药对野生生物栖息地的影响，以及其他公共利益。

基于该地区对于户外休闲、自然保护、当地居民的福利或其他当地利益的重要性，市政当局可以决定不根据第 1 款对该市范围内的区域授予豁免。

有关燃料的规定

第 21 条　为了应对可能对人体健康或环境造成损害的物质排放进入空气，中央政府可以发布关于燃料质量和特性、燃烧、贸易、物流或进口到瑞典的规则。

中央政府可以授权机构或市政当局制定此类规则。

第 22 条　用于发动机推进或加热的汽油应当按照本法典附件 1 规定的环境等级，由专业制造商或此类汽油的进口商进行分级和供应。禁止提供出售任何属于欧洲经济共同体条例 2658/87 下 CN 码 Nos. 2710 00 27，2710 00 29，2710 00 32、2710 00 34、2710 00 36 的发动机推进用汽油，这些汽油不符合环境等级 nr 2 的环境规格。

用于发动机推进的柴油燃料和石蜡，除航空煤油外，应按照本法典附件 2 规定的环境等级，由专业制造商或此类燃料的进口商进行分级和供应。禁止提供出售任何属于欧洲经济共同体条例 2658/87 下 CN 码 No. 2710 00 66的柴油燃料，以及拟用于指令 70/220/EEC 和指令 88/77/EEC 所指的机动车辆的柴油燃料，这些柴油不符合环境等级 nr 3 的环境规格。

对不利影响的强制通告

第 23 条　化学品或生物有机体的制造商或任何将此类产品或有机

体投放市场的人，在许可或准许授予后发现任何新的信息显示该化学品或有机生物体、产品或有机体中活性物质的残留物可能存在对人体健康、地下水或整体环境的不利影响的，应当立即通知中央政府指定的机构。

当发现新信息显示该产品或有机体可能具有致癌性、致突变性或生殖毒性且会影响其分类或标识时，提供信息的责任也应当适用于那些不需要许可或准许的化学产品或生物有机体。

发布关于条件、许可要求或禁止等附加规则的授权

第 24 条　中央政府或中央政府指定的机构在有关化学产品和生物技术有机体的处理、进口和出口方面，可以就第 7 条、第 8 条、第 17 条、第 18 条和第 23 条以及第二章第 2 条、第 3 条和第 6 条所指的事项发布附加规则。上述规定同样适用于因瑞典的欧盟成员国地位而引起的必要规定。

出于必要的健康或环境保护的理由，中央政府或中央政府指定的机构也可以在第 12 条至第 15 条和第 21 条所述情况以外：

（1）未经事先许可或批准，禁止化学品或生物技术有机体的处理、进口到瑞典或从瑞典出口；和

（2）就处理、进口或出口此类产品或有机体列明特殊条件。

第 25 条　出于特别重要的健康和环境的理由，中央政府或中央政府指定的机构，可以在本章所述的情形之外，禁止化学品和生物技术有机体的处理、进口和出口。

第十五章　废物和生产者责任

定　义

第1条　“废物”是指持有人处置、意图处置或需要处置的属于特定废物类别的物品或物质。

中央政府应当就第1款所指的废物类别发布规则。

第2条　“家庭废物”是指家庭产生的废物和其他来源的类似废物。

第3条　“废物管理”是指涉及收集、运输、循环利用和清除废物的活动或措施。

第4条　“生产者”是指：

(1)产品或包装的专业制造商、进口商或供应商；或者

(2)其专业活动产生的废物需要在废物处理上或环境上采取特别措施的人员。

第5条　本章所称“不动产所有人”指拥有不动产的人员或根据《不动产税评估法》(1979:1152)第一章第5条被视为所有人的人员。

生产者责任

第 6 条　中央政府或中央政府指定的机构可以发布有关生产者责任的规则,确保废物的收集、拆除、循环利用、再利用或者清除能够以满足健康和环境方面可接受的废物管理要求的方式进行。此类规则可以针对生产的物品或包装产生的废物,进口到瑞典或生产者出售的废物,以及由上述活动产生的废物。

第 7 条　根据第 6 条发布的规则也可以列明有关包装的组成、可重复利用性和可循环利用性的相关要求。

这些规则也可以要求生产者:

(1)标识产品或包装;

(2)提供与生产者责任有关的,关于产品或包装所含物质和材料的信息,以及有关收集、再利用及循环利用潜质或其他因素的信息。

市区废物收集和处置的义务

第 8 条　除非第 6 条另有规定,市政当局应当确保:

(1)市区内产生的家庭废物被运输到废物处理厂,以对人体健康和环境的保护及私人权利的保障的必要性为限;和

(2)市区内产生的家庭废物被循环利用或清除。

在计划和决定如何履行这项义务时,市政当局应当考虑所有人和承租人可以在多大程度上以在人体健康和环境保护方面可接受的方式自行处置废物。在规划和决策中,市政当局还应确保废物的清除符合各种建筑环境的需要。

这些计划和决定应当界定不动产所有人和承租人可以自行处置家庭

废物的情形，且当根据第 10 条发布的规则适用时，自行处置其物业上产生的任何其他废物的情形。

第 9 条　中央政府或中央政府指定的机构可以发布有关废物处理的详细规则。中央政府可以授权市政当局发布此类规则。

第 10 条　出于必要的人体健康或环境的理由，中央政府可以针对市区内产生的生活废物之外的废物发布规则，要求：

（1）市政当局安排废物的清除；

（2）市政当局确保废物被循环利用或处置。

上述规定不适用于已根据第 6 条发布有关生产者责任的规则的情形。

中央政府可以授权市政当局发布第 1 款和第 2 款所指规则。

市区废物管理条例

第 11 条　所有市政当局都应当采用城市废物管理条例，应当包括可适用于市内废物处理的规则和一项废物处置计划。上述制度应定义第 8 条第 3 款所指的情形。废物处置计划应包含有关市内废物的信息，以及有关市政当局为减少此类废物数量和危险性而采取的措施的信息。

中央政府或中央政府指定的机构可以发布有关废物处置计划内容的规则。

第 12 条　经由中央政府授权作出的关于市区废物管理条例的决定，市政当局拟实施的，应当经市议会通过。

第 13 条　在准备市区废物管理条例草案时，市政当局应当通过适当的方式，在合理的范围内，向可能在该事项上存在重大利益的相关不动产所有人和机构征询意见。

在采纳市区废物管理条例草案之前，应当至少有四周的时间接受公开质询。

第 14 条 宣布市区废物管理条例草案接受公开质询的通知，应当在公示期开始前在当地报纸上刊登。该通知应当包括有关草案的主要内容、公示的地点和可以提交反对意见的期间以及向谁提交。

第 15 条 第 13 条和第 14 条的规定也适用于对市区废物管理条例的任何修订。

如果只涉及少量不动产所有人或修订的内容范围有限，则市政当局可以不对市区废物管理条例的修订草案接受公开质询。

第 16 条 中央政府可以发布规则，要求其专业活动产生废物的经营者向市政当局提供实现废物管理条例目的所需的任何信息。中央政府可以授权市政当局发布此类规则。

第 17 条 除市区废物管理条例规定的义务外，当不动产所有人或承租人要求市政当局清除生活废物，且该要求在考虑周围情形下并非不合理时，市政当局必须清除。

废 物 管 理

第 18 条 如果市政当局或生产者负有清除废物的责任，则该不动产的所有人或承租人不得堆肥或掩埋应当被循环利用或移除的废物。

但是，第 1 款的规定不适用于可以在该不动产上处置的且不存在损害人体健康和环境的任何风险的废物。

在个别情况下，如果不动产所有人或承租人可以通过对人体健康和环境安全的方式自行处置他们物业上产生的废物，且存在特别理由授予豁免时，尽管该废物本来应当由市政当局处置，该市政当局可以允许上述人员对这些废物进行处置。

即使在不需要许可的情况下，亦可以针对第 2 款所指活动或措施向市政当局提交许可申请。

第 19 条　基于再利用或循环利用的目的，或出于其他健康或环境的原因，中央政府可以在必要时发布规则要求将特定种类的废物与其他废物分开储存和运输，并可以基于此目的发布其他必要的规则。中央政府可以授权公共机构或市政当局发布此类规则。

第 20 条　基于再利用或循环利用的目的，或出于其他健康或环境的原因，中央政府可以在必要时发布禁止填埋可燃废物和有机废物的规则。

中央政府或中央政府指定的机构可以在个别情况下，针对第 1 款所指的禁止令发布关于豁免或免除的规则。

第 21 条　如果市政当局负有安排运输废物的责任，则不可以由市政当局或市政当局为此目的而委托的人员以外的任何其他主体实施此类移除工作。

如果生产者负有安排运输废物的责任，中央政府可以发布规则禁止生产者或生产者为此目的而委托的人员以外的其他主体从事此类运输。

授权发布关于特定种类废物的规则

第 22 条　为了促进《机动汽车处置法》(1975:343)中所指报废汽车的零部件再利用和材料循环利用，中央政府或中央政府指定的机构在必要时可以发布有关专业拆解和类似专业处置报废车辆的规则。

第 23 条　基于再利用或循环利用的目的，或出于其他健康或环境的

原因,中央政府可以在必要时发布以下规则:

(1)关于电气和电子设备构成的废物的专业化预处理,包括拆除和分解;和

(2)规定从事电气和电子设备构成的废物的专业化预处理,包括拆除和分解的人员应当聘用或使用根据《技术认证法》(1992:1119)认可的机构所认证的人员或质量体系。

第 24 条 基于再利用或循环利用的目的,或出于其他健康或环境的原因,中央政府在必要时可以发布规则规定在按照第 23 条采取预处理前,禁止填埋、焚烧和粉碎电气、电子设备构成的废物。

授权发布关于许可要求等规则

第 25 条 出于健康或环境的理由,中央政府或中央政府指定的机构在必要时可以发布以下规则:

(1)废物只能由持有执照或在中央政府指定的机构登记的人员以专业的方式运输,或者特殊条件应当适用于此类活动;和

(2)从事专业活动的人员产生除家庭废物以外废物的,应当将废物交由持有运输执照或者在指定机构登记的人员清除。

第 1 款第(1)项提及的许可申请应提交给中央政府指定的机构。

第 26 条 中央政府或中央政府指定的机构可以发布规则要求从事专业活动并产生家庭废物以外废物的人员,或专业从事此类废物处理的人员,提供关于该废物性质、构成和数量的信息,及其来源和处置地点的信息。这些信息应当提交给作为监督机构的市政委员会。

第 27 条 出于健康或环境的理由,中央政府或中央政府指定的机构在必要时可以发布规则,要求专业废物收集者或专业从事第三方废物清除

或循环利用的人员在中央政府指定的机构进行注册。这不适用于根据第25条发布的规则或本法典其他规定要求必须获得许可或提交报告的人员。

授权发布因瑞典的欧盟成员国身份而导致的废物相关规则

第28条　中央政府或中央政府指定的机构可以出于瑞典作为欧盟成员国的身份，在必要时发布关于废物、废物处置计划和废物运输相关限制的规则。

授权对国防部门发布规则

第29条　中央政府，或经中央政府决定，瑞典武装部队环境执法局可以向瑞典武装部队、国防行政部、国防物质行政局或国防无线电中心发布不同于本章规定的特殊规则。

乱扔垃圾

第30条　禁止在户外公共区域或其视野范围内丢弃垃圾。

倾倒废物

第31条　无论形态为固体、液体或是气体的废物都不得被倾倒在瑞典领海或其经济区内。废物不得从瑞典船只或飞行器倾倒入公海。意图倾倒入公海的废物，不得从瑞典国内或经济区内带出。

有关倾倒的规定也应当适用于废物焚烧。

第 32 条　第 31 条第 1 款的规定不适用于《船舶污染防治法》(1980:424)管辖下关于船只倾倒有害物质的情形。

第 33 条　中央政府或中央政府指定的机构可以在具体案件中通过决定的形式,对可以通过不损害人体健康和环境的方式倾倒的废物,豁免第 31 条第 1 款的规定。如果倾倒废物造成了许可授予时未能预见的损害,授予许可的机构可以发布强制令救济损害。如果损害没有得到救济或者条件或规则未得到遵守,则该许可可以被撤销。

第四编

案件与事项的审查

第十六章　关于案件与事项审查的一般规定

审 查 机 关

第 1 条　中央政府、郡行政议事会和其他行政机构、市政当局、环境法院、环境上诉法院和最高法院应当对本法典或依本法典发布的规则管辖下的案件和事项进行审查。但第二十九章中涉及处罚或没收的案件应当适用一般刑事诉讼程序的相关法律规定。

审查机构处理案件和事项的详细规定包含在第十七章第 1 条至第 4 条、第十八章第 1 条至第 2 条、第十九章第 1 条至第 2 条、第二十章第 2 条、第二十三章第 1 条和第二十三章第 9 条中。

有关许可的撤销、豁免及批准、禁止继续活动的决定或判决，以及有关许可或许可所列条件的审查，应当由授予许可的机构作出。

许可、批准和豁免

第 2 条　根据本法典或依本法典发布的规则授予的许可、批准或豁免仅在特定期限内有效。中央政府可以发布关于时间限制的进一步规则。

限制性条件可以附加在根据本法典或依本法典制定规则所授予的许

可、批准和豁免上。

第二十一章第1条对申请案件进行了定义,第二十二章第1条包括了此类案件中申请内容的有关规定。中央政府可以通过发布规则对其他案件中的申请内容作出规定。

第3条 可以要求意图从事相应活动的申请人提供担保以作为许可、批准或豁免生效的必要条件。此类担保须覆盖可能的事后处理和其他修复措施的费用。不得要求国家、市政当局、郡设委员会与市级区域联盟提供担保。

如果有理由相信该担保不再充足,审查该许可、批准或豁免申请的机构可以要求申请人提供附加担保。

担保的种类载于《执行法典》第二章第25条。担保应当由许可机构审查并报郡行政议事会备案。

第4条 许可和豁免不得与根据《规划与建筑法》(1987:10)采纳的具体发展规划或区域规划相冲突。然而,在未与规划目的相矛盾时,可以允许轻微的背离。

第5条 不得将许可、批准和豁免授予可能违反环境质量标准的新活动。但是,当经营者采取的措施是其他活动终止或减少的结果,且由其他活动造成的损害经由该措施可以在实质上提高遵守环境质量标准之可能性的,则可以允许该活动。

第6条 对于在之前许可、批准或豁免中不履行义务的申请人,可以拒绝授予许可、批准或豁免。上述规定也适用于那些曾经因疏忽而未申请许可、批准或豁免的人员。在出现疏忽的情况下,如果申请人或那些由于所有权结构或职权划分而与申请人活动密切相关的人员,当其与申请人的活动紧密相连,或者现在或过去与出现了疏忽的活动存在类似联系时,也可以被拒绝授予许可、批准或豁免。

第 7 条　在根据本法典审查案件和事项时,应当注意考虑那些对有效作业可能是必要的其他活动或特殊构筑物。

第 8 条　如果从事活动或意图从事活动的两人或多人同意采取措施预防或应对对人体健康和环境造成的损害,则第 2 条第 2 款所指的限制性条件可以适用于两项或多项活动。只有当上述措施经计算被认为可以增加遵守第五章所指环境质量标准的可能性,或以其他方式确保健康和环境方面的收益时,才能被纳入考虑。

第 1 款所述事项可以以合并决定的方式作出,在活动的许可证上附加特定条件,或者可以通过单独的决定向双方当事人分别列明相同的限制性条件。

第 9 条　许可和豁免以及撤销许可或豁免的决定,可以把实施下列措施或支付相应费用作为前提条件:

(1)相关区域的特殊检查;

(2)保护该区域的特定措施;和

(3)由于活动侵害公共利益而进行赔偿的特定措施。

本条款的规定不得影响根据第十章规定须承担事后处理责任的人员的义务。

第 10 条　未经许可从事水务作业,水务作业开始前水环境状态的举证责任应当由经营者承担。

第 11 条　若依本法典同时对数个不同活动的许可或豁免的案件或事项进行处理,且这些活动由于与同一自然资源相关联或由于其他原因而不能按照申请的要求同时开展,则应当在可能的范围内调整这些活动,使其实施不会对其中任何一个造成重大妨害。当这种调整不可能时,应当优先考虑那些与第三章规定最一致的活动。

第 1 款规定不得适用于根据《关于水务作业的特殊规定法》(1998:812)

成立行业协会进行相应活动的情形。

上　诉　权

第 12 条　针对可上诉的判决或决定,下列主体可以提出上诉:

(1)被判决或决定驳回请求的任何人员;

(2)对涉及环境危害活动相关许可的判决和决定,组织工人参加到与该判决和决定相关活动的地方雇员协会;

(3)对于按照第十四章授权,由郡行政议事会或中央行政机构作出的不涉及具体案件的决定中,涉及的《劳资协同决策经营法》(1976:580)所指国家雇员组织、相应雇主组织和消费者协会;和

(4)根据本法典相关规定或依本法典制定规则,有权提起上诉的政府机构、市政委员会或其他机构。

本条规定不得损害当事人根据《司法程序法典》享有的上诉权。

第 13 条　根据章程以促进自然保育或环境利益保护为目的的非营利组织可以针对依本法典规定授予许可、批准和豁免的可上诉判决或决定提起上诉。对判决或决定拥有上诉权的组织应当满足在瑞典境内运作至少三年且有不少于两千会员的条件。

但是,非营利组织不得对与瑞典武装部队、国家防御管理局、国防装备行政局、国防无线电中心相关的决定提起上诉。

环境组织意图对第 1 款所指判决或决定提起上诉的,必须在案件或事项当事人或其他有权提起上诉的人相对应的上诉时效内提起上诉。

第十七章　中央政府对审批事项的审查

对审批事项的强制性审查

第1条　中央政府应当对以下几类新开展活动或作业的许可进行审查：

(1)钢铁厂、冶金厂和铁合金厂；

(2)纸浆厂和造纸厂；

(3)炼油厂或重型石油化工厂；

(4)基础化学品加工厂或肥料制造厂；

(5)水泥厂；

(6)根据《核活动法》(1984:3)应当由中央政府审查的核设施,以及提取含铀物质或其他物质用于制造核燃料的工厂；

(7)输入功率不低于两百兆瓦的燃烧工厂；

(8)总输出不低于十兆瓦且由三个或多个风力涡轮机组成的风力发电场；

(9)容量不少于五千万立方米的天然气储存设施；

(10)处理的危险废物主要来自其他机构且每年焚烧、或者以其他方式循环利用或处置的危险废物超过一万吨的危险废物处置设施；

(11)在第四章第3条所提及的地区内提取物质或材料的构筑物；

(12)为不少于二十兆瓦输出量的发电机设计的水力发电厂；

(13)容量不少于每年一亿立方米或每周一千万立方米的水调配设施附属水库；

(14)对不存在水量调配的情况下，出水口在普通低流速下保持不少于十立方米每秒流量的水道或胡泊进行的分流或其他水移除作业，且其使用的水流量造成水道或湖泊的流量少于正常情况下未调配低流量的五分之四；

(15)每天供水量超过一万立方米的地下水集水区，除非其中十分之九的水被储存到地下水库；

(16)除上文提到的调配、分流或移除作业，可能对维纳恩湖、韦特恩湖、梅拉伦湖、耶尔马伦湖、耶姆特兰地区的斯图尔湖或锡利扬湖造成显著影响或侵害的作业；

(17)海上石油或天然气开采平台的建造，以及为这些平台建造的以维修、转换或其他原因为目的的除临时使用以外的锚泊或停泊设施；

(18)高速公路和至少有四车道且长度不短于十千米的其他道路；

(19)长途铁路线，以及在现有长途铁路线上建设至少五千米新轨道的工程；

(20)公共航道；

(21)跑道长度至少为两千一百米的机场。

第 2 条　在特殊情况下，中央政府可以在具体案件中决定不审查第 1 条所指的活动。

行使保留权时对审批事项的审查

第 3 条　下列具体案件中，中央政府可以对第 1 条规定的并非强制性要求评估的活动或作业，保留其审查权利。

(1)考虑到本法典第一章第 1 条所促进的利益，活动的范围造成或可能造成实质性或侵入性损害；

(2)在第七章第28条第1款或第2款规定的特别保护区或特别保留区以外的区域,活动可能造成该区域自然资产不可忽视的损害;

(3)可以适用第四章第6条第3款的活动。

第1款第(2)项所提及的保留权利仅适用于根据本法典或依本法典制定规则要求获得许可的活动。

当案件或事项是根据本法典正在进行的许可申请程序的对象时,中央政府应当立即通知正在审查保留权利申请的环境法院或机构。

第4条　在审查第1条或第3条所提及的活动时,如果许可申请涉及两个及两个以上活动且这些活动相互关联,或者活动之间出现根据第十六章第11条引发的调整或优先权疑问的,中央政府可以保留审查另一项活动许可事项的权利。第3条第3款适用于此类权利保留。

通　　告

第5条　如果机构或者市政当局被告知在辖区内存在第3条所指的活动,应当立即通知中央政府。

市议会的批准

第6条　如果一项活动是第1条第(1)项至第(11)项、第(17)项所指的活动,则只有在被市议会批准的情况下,中央政府方能许可该活动。

上述规定同样适用于第3条第1款第(1)项或第4条规定的需要政府批准的活动,水务作业或运输设施除外。

在不影响第1款规定的前提下,在从国家利益的角度考虑是极其重要的情况下,中央政府可以许可第1条第(6)项所述的包含中间储存或最终处置核材料、废物的活动,或者第1条第(7)项、第(8)项、第(9)项或第(10)项所指的活动。但如果另一个选址被认为更适合该活动,或者在另一个可能批准该选址的市区已经存在适当的选址时,不适用上述规定。

公共利益的保障

第7条 中央政府根据本章规定许可活动的,可以列明特殊条件以维护公共利益。

第十八章　中央政府对被提起上诉决定的审查

第1条　被提起上诉后，中央政府应当审查：

(1)政府机构关于建立、变更或撤销国家公园、自然保护区、文化保护区、自然遗迹、沿岸保护区、环境保护区或水域保护区的决定，不包括有关赔偿的事项；

(2)瑞典武装部队环境执法局根据本法典或依本法典发布的规则所作出的决定；和

(3)依照规定向中央政府提出上诉的其他决定。

第2条　对于需要许可的活动或作业，中央政府应当第十七章第1条所提及事项进行审查。

第十九章　行政机构和市政当局对事项的审查

关于审查事项的一般规定

第 1 条　行政机构和市政当局应当按照本法典或者依本法典发布的规则审查事项。

对市政当局关于建立、变更或者撤销自然保护区、文化保护区、自然遗迹、沿岸保护区或水域保护区的决定提出上诉的，除有关赔偿的决定外，可以向适格的郡行政主管部门提出，法律另有规定的除外。对具体案件中市政委员会作出的决定提起上诉的，可以向郡行政议事会提出，法律另有规定的除外。

对具体案件中郡行政议事会及其他政府机构作出的决定提起上诉的，可以根据第二十章第 2 条第 2 款向环境法庭提出。

第 2 条　行政机构或者市政当局判定一项活动或措施只能按照第二章第 9 条第 1 款或第 10 条的规定获得准许的，该机构或者市政当局应当将此事汇同自己的意见一并移交给中央政府作出决定。上述规定同样适用于中央政府根据第十七章第 1 条对许可事项的审查或中央政府按照第十七章第 3 条对许可事项保留审查权利的情形。

根据第十七章第 5 条，对于第十七章第 3 条所指的活动，必须向中央政府报告。

第3条　遇事项本应由市政当局进行处理的情形,第二十一章第3条涉及环境法庭诉讼程序的规定应当适用于郡行政议事会。

关于环境危害活动审查的特别规定

第4条　郡行政议事会和市政委员会应当:

(1)通过在当地报纸上发布通知或者以其他适当方式,给予受到活动影响的人员发表评论的机会;

(2)向与此事有重大利益相联的政府机构和市政机构咨询;

(3)与受到影响的人员举行会议,并在根据调查的目的认为必要时,安排现场检查;和

(4)通知提交申请的人员或代为提出意见的人员,并给予他们发表评论的机会,但不得违反《行政程序法》(1986:223)第17条的规定。

第5条　以下规定适用于郡行政议事会或市政委员会处理的事项:

(1)第二十二章第1条第1款关于申请格式与内容的规定;

(2)第二十二章第2条关于提交申请与其中错误之处的规定;

(3)第二十二章第3条关于公告内容的规定;

(4)第二十二章第6条关于提起诉讼权利的规定;

(5)第二十二章第9条关于不动产法定代表人权利的规定;

(6)第二十二章第12条关于专家的规定;

(7)第二十二章第13条关于现场检查的规定;

(8)第二十二章第25条第1款第(1)项至第(3)项和第(5)项至第(11)项,第2款最后一句以及第3款中关于许可相关判决内容的规定;

(9)第二十二章第26条关于单独判决的规定;

(10)第二十二章第27条第1款、第2款第二句以及第3款第一句关

于推迟事项及临时规则的规定；

(11)第二十二章第28条第1款第一句关于执行命令的规定；

(12)第二十三章第3条关于单独上诉的规定，当其中涉及第二十二章第12条所指的专家相关内容时。

第二十章　法　　庭

法　　庭

第 1 条　地区环境法庭设立在中央政府指定的地区法院。

环境上诉法庭设立在斯维亚上诉法院。

上诉的终审法庭设立在最高法院。

第 2 条　环境法庭是审理以下案件的第一审法庭：

(1)第二十一章第 1 条第 1 款所包含的关于环境危害活动的申请案件；

(2)第十一章所指的并包含在《关于水务作业的特殊规定法》(1998:812)中的水务作业与水中构筑物，由适格郡行政议事会审查的地面排水作业除外；

(3)按照《关于水务作业的特殊规定法》(1998:812)由郡行政议事会移交的或由不动产登记机关报告的地面排水工程；

(4)根据第二十八章第 2 条至第 5 条规定，对损害和侵扰的赔偿；

(5)本法典所指的赔偿和强制公开收购，以及水务作业相关的收购，法律另有规定的除外；

(6)第三十二章所指的环境损害赔偿和强制购买，以及第三十二章第 12 条所指的禁止或预防行为；

(7)根据第十章第6条和第7条,当事人之间就连带责任的分配,其中一方当事人提起诉讼的;

(8)对发布强制令的权力机构提起预先罚款的请求,根据本法典准予实施的情形。《预先罚款法》(1985:206)第6条第2款应当适用于此类强制令,违反者可施加罚款处罚。

按照第十九章第1条第3款,环境法庭应当审查根据本法典或依本法典发布规则或《关于水务作业的特殊规定法》(1998:812),由郡行政议事会和其他政府机构作出决定的上诉,法律另有规定的除外。根据第二十六章第17条第2款,环境法庭应当对瑞典执法机构提供援助并被提起上诉的决定进行审查。

第3条 在与本法典或其他立法不相冲突的情况下,普通法院有关民事诉讼的相关规定也应当适用于环境法庭和环境上诉法庭,以及由最高法院审查的基于本法典而产生的案件。《法院程序法》(1996:242)应当适用于案件的审查。

当环境法庭在案件审理中将预先罚款作为单独诉讼请求处理时,对于案件这一方面的审查,应当按照《司法程序法典》关于最高刑罚为罚金的诉讼请求来进行。

在与本法典或其他立法不相冲突的情况下,环境法庭对上诉移交给他们的案件以及向环境上诉法庭提起的对此类案件中决定的上诉进行审查的案件,应当适用《行政事务中司法程序法》(1971:291)的相关规定。但是,《行政事务中司法程序法》第7条(a)不适用于非营利组织根据本法典第十六章第13条提起的对决定或判决的上诉。

环境法庭

第4条 环境法庭应当由一名具有法定资格的地方法院法官担任主席,一名环境顾问和两名专家成员组成。法庭可增设一名具有法定资格的法官和一名环境顾问。

环境顾问应当具有相关环境事务的技术或科学的训练和经验。其中一名专家成员应当具有瑞典环境保护署负责领域范围内的事务经验。主席应当参照案件性质，决定另一位专家成员是否应当具有行业或当地政府的相关经验。

第5条　除本法另有规定外，环境法庭在主要审理以外的诉讼程序中可以由主席与一名环境顾问组成。上述规定同样适用于《司法程序法典》第一章第3条第2款和第3款所指案件的主要审理。但如果此类案件是在没有举行主要审理的情况下作出裁决的，则应当依据第4条的规定组成法庭，除非法院认为由主席和一名环境顾问组成法庭是适格的，且双方当事人均表示同意，或者该案件是一个简单案件。

对于第3条第3款所指的案件，环境法庭应当由主席和一名环境顾问组成。对于案件内容涉及许可的，应当依据第4条组成环境法庭。

第6条　中央政府或中央政府指定的机构应当任命主席，任命或委托环境顾问，并任命专家成员供职于环境法庭。

第7条　中央政府应当决定环境法庭的司法管辖区域。

第8条　涉及环境危害活动、水务作业、水中构筑物和水务作业引起的赔偿案件，应当由活动现在、过去或将来所在的主要区域内的环境法庭进行审理。

根据第二十八章第2条至第5条涉及损害和侵扰相关赔偿的案件，以及根据本法典涉及公共干预的案件，应当由发生或将要发生主要损害与侵扰地区的环境法庭审理。

第三十二章所指的与环境损害赔偿相关的案件，应当由损害活动正在或已经发生的主要地区的环境法庭审理。

任何人从事或意图从事一项活动并导致第三十二章第3条所述损害

的，可以向活动正在发生或将要发生损害的地区的法院申请，对赔偿问题进行审查。

第 9 条 对机构作出的决定不服上诉而将相关事务移交给环境法庭的，应当由原来作出决定的机构所在地的环境法庭审理。

共同审理的案件，法庭有权审理其中一个案件的，也有权审理其他案件。

对于环保法庭审理的管辖权提出异议的，除依据《司法程序法典》第十章第 20 条第 2 款规定的案件外，均不应由上级法院针对该问题进行审查。

第 10 条 当进行投票时，具有法律资格的法官应当首先发表意见，其次是环境顾问，最后是专家成员。主席应当具有决定票权，但在涉及准予预先罚款的案件中，应当以最宽松的意见为准。

环境上诉法庭

第 11 条 为实现其作为环境上诉法庭的功能，斯维亚上诉法院应当在具有法律资格的法官之外任命环境顾问。环境顾问应当具有环境事务相关的技术或科学训练和经验。中央政府或中央政府指定的机构应当任命或聘用环境顾问。

环境上诉法庭由四名成员组成时方为适格，其中至少三人是具备法定资格的法官。在主要审理开始后，如果其中一名法定成员不能参与审判，法庭仍然适格。不得有超过五名成员出席审判。

对于上诉是否准予的裁断，环境上诉法庭应当由三名具有法律资格的法官组成。但一名环境顾问可以替代一名具有法律资格的法官作为法庭成员。

第二十一章　环境法庭的案件

第1条　申请案件是指：

(1)第九章第6条所指的有关环境危害活动的许可，且根据第九章第8条的规定不应由郡行政议事会或市政当局审查的案件；

(2)第十一章第9条所指的关于水务作业的许可，且不应由郡行政议事会审查的案件；

(3)根据第十一章第16条规定的批准事项，即改动或修缮已经进行的作业，或采取与现存关于蓄水和放水的规定相反的措施，且该作业或措施不包含郡行政议事会管辖范围内地面排水的案件；

(4)第十一章所指的移除水中构筑物的许可，或第十一章第22条所指的许可申请程序；

(5)根据第二十四章第2条第2款规定延期完成或延长活动开始时限的案件；

(6)根据第二十四章第3条规定撤销许可或禁止继续活动的案件；

(7)《关于水务作业的特殊规定法》(1998:812)第二十四章第5条至第9条和第七章第13条至第15条所指的审查；和

(8)《关于水务作业的特殊规定法》(1998:812)第七章第1条所指的案件。

如果申请案件仅仅与一位或多位特定的当事人相关，且裁定结果仅对这些当事人具有约束力时，若申请人同意，环境法庭可以裁定按照《关于水务作业的特殊规定法》(1998:812)第七章关于传唤案件的规定进行审理。

第 2 条　对第 1 条规定的申请案件以外的案件适用诉讼程序时，应当通过传唤申请提起，法律另有规定的除外。《关于水务作业的特殊规定法》(1998:812)第七章应当适用于部分传唤案件。根据本法典第二十章第 3 条第 3 款的规定，特定案件应置于《行政事务中司法程序法》(1971:291)的管辖之下。

第 3 条　当申请人是同一个人且案件或者事项指向同一个活动或相关活动时，除《司法程序法典》第十四章第 1 条至第 7 条所指的案件和事项外，基于本法典提起的案件和事项可以通过一个审判进行。当环境法庭审查这类案件或事项时，对类似事项的申请可以提交给法庭，即使该申请在其他情况下应当由郡行政议事会或市政当局审查。当申请案件中存在事项已经由行政机构或市政机构审查，再在法庭中与申请案件合并审查的，不得适用第二十章第 3 条第 3 款关于适用《行政事务中的司法程序法》(1971:291)的规定。

当审查第 1 款所指的案件或事项时，环境法庭可以对郡行政议事会或市政当局正在审查的类似事项，保留审查权利。

第 4 条　一个人在环境法庭提出诉讼请求要求禁止一项环境危害活动，或要求对从事或意图从事此类活动的人员发布强制令以采取预防措施的，若依据本法典该活动的许可申请正在审理或者在法院作出判决前已经提交并在等待审查，则环境法庭不可以作出判决，直到对该申请作出决定。

第 5 条　如果根据第二十六章第 9 条第 1 款规定，监督机构禁止环境危害活动或者作出决定要求从事或可能从事该项活动的人员采取预防措施，同时申请人根据本法典也提起了许可申请的，环境法庭可以在申请人为费用和损害提供担保的情况下，决定在申请的决定作出前不执行监督机构的决定,或者环境法庭可以另行做出裁决。

《执行法典》第二章第 25 条应当适用于此类担保。担保应当由法庭审查,并报郡行政议事会备案。

第 6 条 环境法庭已经对本法典管辖下的事项进行了审理的,只有当出现下列情况时,上一级法院才能针对该案件是否应当由环境法庭以外的法庭审理或由法庭以外的机构处置的问题,审查并作出决定:

(1)已经在法院登记的上诉案件或权利人已经在法院提起的诉讼案件;

(2)环境法庭已经审查的有关不动产的所有权或不动产分割的案件;

(3)环境法庭已经审查的依本法典要求需要对某个问题采取单独程序的案件;或

(4)环境法庭已经审查的涉及犯罪行为法律责任的案件。

第 7 条 环境法庭认为一项活动或措施只能按照第二章第 9 条第 1 款或者第 10 条的规定作出许可的,应当将该事项连同自己提出的意见一并移交给中央政府作出决定。上述规定同样适用于中央政府根据第十七章第 1 条规定审查许可事项的情形,或中央政府根据第十七章第 3 条保留了对许可事项评估权利的情形。

如果环境法庭发现正在审理的案件与除第一章第 1 条所指事项以外的重大公共利益相关,其应当将该事项连同自己提出的意见一并移交给中央政府作出决定。上述规定同样适用于瑞典环境保护署要求将案件以同样理由移交给中央政府的情形。当涉及与瑞典武装部队、国家防御管理局、国防物质管理局或国防无线电中心的相关的机构作出的决定时,法庭应当始终将该事项连同自己提出的意见一并移交给中央政府作出决定。

第二十二章　环境法庭对申请案件使用的程序

第 1 条　申请案件中的申请应当以书面形式制作，并包括以下内容：

(1)评估活动或措施的性质和范围所需的任何信息、图示及技术说明；

(2)根据第六章制作的环境影响报告，以及根据第六章第 4 条至第 6 条进行协商的相关信息；

(3)用于评估第二章所列一般审查规则遵守情况的任何必要信息；

(4)为预防或补救活动造成的不利影响可能需要的任何保护性措施或其他预防措施的方案；

(5)活动的控制方案；和

(6)对适用《预防和限制严重化学事故后果的措施法》(1999: 381)的活动所提交的安全报告。

对与水务作业相关的案件，申请应当也包括以下内容：

(1)不动产是否受到作业影响的信息以及，在受到影响的情况下，不动产所有人及任何特殊权利持有人的名称和地址；和

(2)申请人对案件相关各方提供的赔偿数额声明，除非出现由于作业范围不确定而推迟提交此类信息的适当情形。

《关于水务作业的特殊规定法》(1998: 812)第七章第 4 条包含了特定情形下水务作业案件相关申请内容的进一步规定。

第 2 条　应当按照环境法庭认为必要的数量来提交申请文件的副本。

如果提交的申请文件副本数量不足，或者环境法庭认为申请不完整，其应当要求申请人在指定时间内予以更正。如果申请人不遵守这一命令，法院可以裁定错误必须被纠正并由申请人承担费用。而当错误严重到该申请无法被用作审查案件的依据时，法院可以驳回申请。

第 3 条　当即将审查一项申请时，环境法庭应当发布公告。公告内容应当包括：

(1)一份简要的申请陈述以及，当案件涉及水务作业时，任何可能被影响的不动产信息；

(2)第 7 条、第 10 条及第 19 条的相关信息；

(3)根据第 10 条规定提交意见的时限；

(4)一份公告表明送达案件当事人的传票等函件，应当被刊登在所有当地报纸或某些指定的报纸上以及，这些函件应当由文档保管人提供，单独送达一方当事人的除外；和

(5)文档保管人的名称和地址。

环境法庭应当任命一名或数名人员保管案件的相关文件副本(以下简称“文档保管人”)。

公告应当即时在一家当地报纸上刊登。在与水务作业相关的案件中，公告的副本应当送达每位在申请中提及或者以其他方式被法院知晓的案件当事人。

如果申请涉及多方共有的不动产，公告的副本可以不必分别发送给该共有体中的每位成员。如果得知该共有体设有理事会，则公告的副本应当发送给该理事会。

第 4 条　申请文件的副本和公告应当分别送达瑞典环境保护署，瑞典法律、金融和行政服务局，瑞典救援服务局和国家渔业理事会。然而，如果活动并未影响渔业公共利益或其他公共利益，则申请文件可以不必传送。

公告还应当送达相关市政当局、市政委员会或环境及健康服务领域的有关委员会和郡行政议事会以及其他可能受到该项申请影响的政府部门。

第 5 条 公告应当传达给：

(1)受该项申请影响的任何运河或者河闸控制系统的管理理事会或其他经营者，其他公共航道、公共港口或者运输水道的管理理事会或其他经营者；

(2)受该项申请影响的水资源协会的管理理事会以及本法典或者本法典颁布前所对应条款下的协会的管理理事会或者其他管理者；

(3)该项申请涉及发电时，水利发电站的所有人；

(4)如果属于《关于水务作业的特殊规定法》(1998:812)第七章第 1 条第 2 款第(3)项所提及的申请，其中附有水电开发权利以提供共有电力的任何不动产所有人；和

(5)许可持有人是本法典第二十一章第 1 条第 1 款第(6)项或第(7)项所指申请的主体。

第 6 条 瑞典环境保护署，法律、金融和行政服务局，瑞典救援服务局和适格的郡行政议事会应当在必要时对案件进行辩护，以捍卫环境利益和其他公共利益。

市政当局可以在案件中进行辩护，以捍卫市区内的环境利益和其他公共利益。

如果根据第 4 条将文件送达瑞典国家渔业理事会，则该理事会应当就水中构筑物或作业对渔业公共利益的影响发表意见，并且提出保护渔业可能需要的规则。如果理事会认为在发表意见之前有必要进行现场检查的，应当通知环境法庭，法庭应当根据第 12 条任命一位专家进行调查。

第 7 条 在涉及水务作业的案件中，受到申请影响的不动产所有人应当声明地役权、使用权或附属于不动产的电力权的持有人之名称。如

果不动产所有人在没有正当理由的情况下不作声明，并且导致相关方因此受损的，应当承担赔偿责任。

第 8 条 如果环境法庭仅在公告发布后被告知或者以其他方式知晓还存在相关当事人的，除非该当事人已经在案件中参与辩护，否则他应当被给予适当的机会以进行陈述。但不得推迟法庭程序。

第 9 条 如果受作为案件对象的活动影响的不动产存在争议，对该不动产主张权利的不动产持有人在权利被合法地剥夺之前，应当在案件中代表该不动产行使权利。

新所有人不能更改任何先前所有人已经达成的协议，或者任何在案件中采纳的对先前所有人存在约束力的其他措施。如果先前所有人收到了关于案件的传票等函件，已传达的公告或者传票不必再传达给新所有人。

第 10 条 对申请提出的意见应当在法庭规定的时间内以书面形式作出，一式三份提交给环境法庭。一份副本应当送达申请人。

第 11 条 接下来的准备性程序可以书面或者口头方式进行。

在准备阶段，环境法庭应当确保司法调查的方向和范围是适当的。

法庭应当决定初步口头听审的主题以及应当被传唤的当事人。传票应当送达当事人或者在当地报纸上刊登。

不得对初步口头听审有关部分作出缺席判决。当事人可以引述他们已经提交的文件材料。应当对文件材料的内容制作一份声明。

第 12 条 案件评估需要进行特别调查或鉴定的，环境法庭可以任命一名或数名专家在进行初步调查后就案件发表意见。此类调查应当及时进行不得延误。如果出于案件性质或者调查目的需要，法庭应当在调查将要进行时以合适的方式通知当事人。

第 13 条　如适当，环境法庭可以指示一名或数名法庭成员开展现场检查。法庭应当在检查将要进行时以合适的方式通知当事人。检查应当制作笔录。

第 14 条　应申请人要求，环境法庭可以不经主要听审，在对相应措施作出最终裁决之前，采用此类措施预防或减轻损害和不利影响。在这种情况下，申请人应当被要求就采取措施其可能承担的赔偿，向郡行政议事会提供一项担保。《执行法典》第二章第 25 条应当适用于此类担保。

此类决定应当立即生效。但当周围情况出现变化时，决定可以被变更。

第 15 条　如果根据第 12 条提出的意见或申请相关的作业影响到不动产，但并未在第 3 条所指的公告中提及，则环境法庭应当适用相应条文，给予不动产所有人和对该不动产享有特殊权利的人以评论的机会。

如更适当，法庭可以传唤相关当事人出席案件的主要听审。传票应当于主要听审公告发布八日前传达给当事人，并按照民事诉讼中送达令状所适用的规定进行。

第 16 条　环境法庭应当为即将进行的主要听审确定时间和地点。

如果明显不必要，则不必召开主要听审。如果当事人要求召开，则它仍然应当召开。公告应当声明，可能只基于文件对案件或者事项作出裁决。针对第 26 条第 2 款所指的事项，不是必须举行主要听审。上述规定应当同样适用于《司法程序法典》第四十二章第 18 条第 1 款第（1）项、第（3）项和第（4）项所指的案件。

关于主要听审召开时间和地点的详细信息应当按照既定的传唤程序及时传达给当事人。有传唤事由的，传票应当载明在主要听审上的待查事项。

需要一方当事人亲自出席主要听审的，环境法庭应当发布强制令，违反者可处以罚款。该强制令应当送达当事人。

即使一方当事人不出席，主要听审仍可以举行。但不得作出缺席判决。

第 17 条　如果环境法庭发现案件可以不经初步程序就能够审理，其可以通过公告传唤当事人出席案件的主要听审。在这种情况下，第 3 条至第 9 条以及第 12 条至第 16 条应当适用。主要听审最早可以在公告之日起三周之后举行。

第 18 条　除非不必要，否则应当对案件进行调查。

第 19 条　由水务作业或者第十一章第 22 条所指的措施引起的索赔请求，以及对根据第 12 条提出的作业意见所作的评论，应当以书面或者口头形式至迟在主要听审时提交。除非索赔请求和评论是对调查中所作出的观察的回应或者是对主要听审过程中所获知的其他情况的回应，环境法庭可以拒绝接收迟交的索赔请求和评论。

第 20 条　在主要听审开始时，主席或者另一位成员应当就本案的申请及诉讼请求进行简要陈述。当事人可以引述以澄清技术问题为目的而提交的文件。此类文件内容应当制作成报告。

主要听审被推迟的，案件应当从先前程序结束后的同一阶段重新开始。然而，如果参加之后程序的法庭成员并未出席先前的程序，则应当另起一个新的主要听审。当认为不必要或者会引发不合理的费用或巨大的不便时，先前程序中出示的证据可以不必再次出示。

第 21 条　环境法庭的判决应当基于法庭调查和开庭前的任何其他诉讼程序所得出的结论以及文件的内容。

判决应当基于案件的性质和其他情况尽快作出。除特殊情况外，举行了主要听审的，判决应当在听审结束后的两个月之内作出。

《司法程序法典》第十七章第 9 条第 7 款列明的通知当事人判决内容

的法律义务，应当由通过任命的一名或者数名文档保管人以提供判决副本的方式履行。

第22条　如果水务作业相关案件的一方当事人认为他有权获得比申请人提供的数额更高的赔偿，环境法庭可以调整支付给其他当事人的赔偿数额，以确保赔偿的估算是基于统一的标准所作出。法庭裁定的赔偿数额不得低于案件申请人所提供的数额。

然而，当事人之间另有协定的，裁定的赔偿数额不得与当事人同意的数额不一致。

第23条　如遇适用《征收征用法》(1972:719)第六章第18条第3款的情形，环境法庭应当在避免确保相关不动产价值不因任何特殊权利而减少的基础上估算其价值。

第24条　在环境法庭作出强制购买部分不动产的判决之前，应当依照适用于不动产登记的规则，绘制该地区的地图并进行描述，同时标注其边界。

第25条　对一项活动授予许可的判决，在适当时应当包括以下内容：

(1)许可的有效期间；

(2)活动的目的、地理位置、范围、安全性和技术设计；

(3)监督、现场检查和查问；

(4)赔偿责任或者实施预防性措施的法律责任以及支付方式；

(5)支付费用的法律义务；

(6)需要预防或者限制有害影响或其他妨害的任何条件；

(7)当该处理可能会对外部环境造成损害时，涉及处理与活动相关的化学产品的任何必要条件；

(8)在该处理、循环利用或重复使用可能对外部环境造成损害时，涉及废物处理、循环利用或者重复使用的任何必要条件；

(9)与土地、水或其他自然资源管理相关的任何必要措施；

(10)与事后处理和提供担保相关的任何必要措施；

(11)为了人体健康和环境所做出的预防主要化学事故和限制事故后果的任何必要措施；

(12)对不能预见的损害提出相关诉讼请求的期限；

(13)第三十一章第22条和第23条所指的许可持有人必须在没有赔偿的情况下接受的水资源或者其他资产的损失；和

(14)诉讼费用。

如果一项许可与水务作业工程相关，判决应当具体注明这些工程应当完成的时限。最长的期间为十年。应当载明环境危害活动的开始时限。

环境法庭可以允许监督机构针对次等重要的条件行使自由裁量权。

《关于水务作业的特殊规定法》(1998:812)第七章第6条包含了对水务作业和水中构筑物相关判决内容的进一步规定。

第26条　除根据第十七章第1条、第3条或第4条的规定此类事项必须由中央政府决定，环境法庭可以应申请人的请求在单独判决中确定活动的许可事项。

如果法庭裁决该活动是被允许的，且其按期完成很重要，则法庭可以单独判决准许该项必须实施的工程。根据第16条第2款的规定，主要听审并不是必须举行。

当作出一项单独判决时，法庭可以决定案件其余部分暂停诉讼，直到判决生效为止。

第27条　在不能充分确定活动的影响时，环境法庭可以先准许该活动，推迟对赔偿问题或者其他状况的裁定，直到有充分信息来判断该活动的影响。

推迟裁定的，法庭应当就任何可能的实质性损害或者损失，发布关于赔偿或保护性措施的临时指令。如遇应对不利影响之需,法庭可以发布关于保护性措施或其他预防措施的临时指令。

对于推迟事项的裁定应当立即作出。法庭最终裁定的赔偿额不得低于临时确定的数额。

案件某一方面内容被推迟裁定时,法庭应当要求申请人向郡行政议事会就最终赔偿和临时确定的赔偿提供担保,以作为获得活动许可的条件。在使用许可之前不应支付赔偿。《执行法典》第二章第 25 条应当适用于此类担保。

《诉权限制法》(1981:130)不适用于作出了延迟决定的索赔请求。

第 28 条 即使一项判决尚未获得法律效力,环境法庭可以在恰当时命令许可该活动。就法庭判决变更后可能需要支付的由水务作业引起的赔偿,申请人应当向郡行政议事会提供担保。《执行法典》第二章第 25 条应当适用于此类担保。

在根据本法典规定获得一项活动的许可后,如果申请人被命令预防、减少损害或者支付赔偿,则视为该项裁决已经生效,法院可以裁决立即执行。

针对根据第 1 款或者第 2 款附有命令的判决提起上诉的,环境上诉法庭可以搁置该项命令直到针对该判决提起的上诉在其他方面得到审查。

第二十三章　环境上诉法庭和最高法院的诉讼程序

环境上诉法庭的诉讼程序

第 1 条　除非另有规定，针对环境法庭作出的判决可以向环境上诉法庭提起上诉。《司法程序法典》第五十章第 1 条和第 2 条以及第五十二章第 1 条列明的上诉时限适用于经上诉移送给法庭的案件。

针对判决或裁定向环境上诉法庭提起上诉的，应当获得上诉许可。对需要上诉许可的，环境法庭的判决或者裁定应当包含一项声明以及一份《行政事务中司法程序法》(1971:291)第 34(a)条所规定的副本。

第 2 条　《行政事务中司法程序法》(1971:291)第 34(a)条适用于针对上诉许可的审查。

如果没有获得上诉许可，环境法庭的判决或裁定继续有效。环境上诉法庭裁定应当包括对前述效力的声明。

第 3 条　针对环境法庭作出的涉及《关于水务作业的特殊规定法》(1998:812)第二十二章第 14 条以及第七章第 21 条相关事项的裁定提出上诉的，诉讼请求可以单独提出。针对涉及《关于水务作业的特殊规定法》(1998:812)第七章第 12 条第 2 款的裁定提出上诉的，诉讼请求必须与对申请案件的判决或最终裁定的上诉一并提出。

第4条 如适当,环境上诉法庭可以指示一位或多位法庭成员开展现场调查。法庭应当在调查将要进行时以合适的方式通知当事人。调查应当制作笔录。

除非当事人被给予提出意见的机会,环境上诉法庭的判决或者裁定不得基于环境顾问作出的与技术特征相关的研究得出。但研究结果仅与案件中先前证据存在轻微差异的除外。

第5条 如果申请人对环境法庭作出的关于申请案件的判决或裁定提出上诉,且根据第二十二章第3条规定刊登公告,则环境上诉法庭可以指令将上诉副本送达由环境法庭任命的一名或数名文档保管人,并发布一项关于该上诉的公告,而无须将公告送达另一方当事人。

此类公告应当列明:

(1)一名或数名文档保管人可以提供该案件相关文件的副本;

(2)除非单独传达给一方当事人,向当事人发出的案件传票等函件应当刊登在一家或数家被指定的当地报纸上,并应当由一名或数名文档保管人予以提供;

(3)答复应当在法院规定的期限内提交给环境上诉法庭,该期限不得短于公告刊登之后的三周。

公告应当刊登在环境法庭为案件通讯而指定的一家或数家当地报纸上。

一旦遵守了本条中所列的指令,该公告应视为已经送达。

第6条 在不影响司法审查的前提下,环境上诉法庭可以在不进行主要听审或口头听审的情况下对上诉案件作出裁定。然而,如果当事人双方要求举行主要听审或者口头听审,除非此类听审明显不必要,则应当举行。

就主要听审,环境上诉法庭可以在其认为适当的范围内,安排呈现案件事实。

在针对申请案件的上诉审查中，如认为有必要，环境上诉法庭可以对任何未出席的当事人施加一项预先罚款或采取其他处罚措施。该强制令应当直接送达当事人，不应通过第 5 条所指的公告方式予以传达。

第 7 条　在其他方面，第二十一章第 7 条和第二十二章第 12 条、第 21 条、第 23 条至第 28 条，以及《关于水务作业的特殊规定法》(1998:812)第七章第 5 条和第 7 条应当适用于环境上诉法庭审理的申请案件。即使相应判决尚未获得法律效力，环境上诉法庭可以裁决环境法庭对活动授予的许可可以使用。第十二章第 8 条第 1 款应当适用于此类裁决。

最高法院的诉讼程序

第 8 条　不得针对由市政当局或行政机构作出首次决定并由环境上诉法庭作出判决和裁定的案件提起上诉。

第 9 条　除另有规定，可以针对环境上诉法庭作出的判决或裁定向最高法院提起上诉。

第 5 条、第 6 条和第 7 条第一句中适用于环境上诉法庭诉讼程序的相关规定应当适用于最高法院。

第二十四章　许可的效力和审查等

根据环境法典作出的判决和裁定的后果

第 1 条　如果对本法典第二十一章第 1 条第 1 款或《关于水务作业的特殊规定法》(1998: 812)第七章第 1 条所指的申请案件中本法典所管辖活动的相关许可作出判决或裁定,且该判决或裁定已经生效的,则该许可在判决或裁定审查的事项范围内拥有对抗其他所有当事人的效力。上述规定适用于市政当局或郡行政议事会根据第九章第 8 条对环境危害行为许可所作的决定,以及郡行政议事会根据第十一章对地面排水许可所作的决定。涉及水中构筑物建造的许可应当规定保留构筑物的权利。但是,根据本章、第七章第 20 条和第 22 条、第九章第 5 条、第十章第 12 条或者根据《关于水务作业的特殊规定法》(1998: 812)第二章第 10 条、第七章第 13 条至第 17 条,许可的范围可能会受到限制,其可能会被更改或附加新的条件,或者可能被撤销并禁止从事进一步的活动。也可能根据第二十六章第 9 条第 4 款,以简易命令或禁止令的形式执行这些措施。

本章所称"许可"也包括第十一章第 16 条所指的对工程或措施的批准。

变更许可内容的判决和裁定应当与授予许可的判决和裁定具有同等效力。

第2条　如果许可持有人不能在工作完成的时限或活动开始的时限内遵守附加在相关判决或裁定上的条件，则该许可失效。

许可持有人表明延误有正当理由或者许可的失效将造成重大损害的，监督机构可以延长许可的有效期间，但不得超过十年。在这种情形下，监督机构可以施加合理的新条件或者更加严格的条件。延长申请应当在原指定期间届满前作出。

第3条　有下列情形之一的，许可机构可以全部或部分撤销根据本法典或依本法典发布的规则授予的许可、豁免或批准，并禁止进一步的活动：

(1)许可、豁免或批准的申请人通过提供不正确的信息或者疏于提供与许可、豁免、批准或以上附带条件相关的信息，误导许可机构的；

(2)未遵守活动或措施相关的许可、豁免或批准的要求，且该不遵守的行为并非轻微不可计的；

(3)活动或措施造成授予活动或措施于许可时未能预料到的严重不利影响的；

(4)由于活动或措施而导致特定状况出现，需要按照第二章第9条禁止该活动的；

(5)活动不再继续的；

(6)新许可证取代先前许可证的；

(7)存在瑞典作为欧盟成员国所必须履行的义务的；

(8)严重忽视水中构筑物维护的；或

(9)改变水体状况的许可长期未使用且不太可能重新使用的。

当许可与水中构筑物的运行相关时，或出现在第1款第(8)项或第(9)项所指的情形时，环境法庭可以撤销保留构筑物的权利。

第4条　根据第3条第2款作出撤销保留水中构筑物的权利时，环境法庭可以命令负责水中构筑物维护的人员移除该构筑物并采取必要措施以防止或减少因移除而导致的任何损害。

除根据第 1 款发布命令外，环境法庭可以允许由其权利内容取决于水中构筑物拆除的第三方或者公共利益考量之下的国家、市政当局或水资源协会移除该构筑物，费用由水中构筑物的维护责任人承担。法庭还可以按照第十一章第 20 条的规定发布命令。在此种情形下，第十一章第 20 条第 4 款与第 21 条应当比照适用。

第 5 条 对于环境危害活动或者水务作业，当发生下列情形之一时，许可机构可以更改许可中关于生产量的规定或关于活动范围的类似规定，并改变或取消许可条件或其他规则，或者发布新的规则：

（1）自决定授予许可并生效后，经过十年，或经过因瑞典欧盟成员国身份而由中央政府或中央政府指定的机构确定的较短期限；

（2）该活动在很大程度上对违反环境质量标准负有责任的；

（3）许可申请人通过提供不正确的信息或者疏于提供许可或其附带条件相关的信息而误导许可机构的；

（4）活动或措施的相关许可条款未被遵守的；

（5）活动造成授予许可时未能预料到的严重损害的；

（6）周边环境状况发生重大变化的；

（7）通过使用新工序或处理技术可以显著改善人体健康或环境的；

（8）通过使用新技术进行测量或估算污染水平或其他环境影响可以显著提高控制活动的可能性的；

（9）活动全部或大部分发生在根据第九章第 4 条制定规则或作出决定以施加禁止令的区域的；

（10）为了改善构筑物安全性的；或

（11）当根据第十一章第 8 条或《关于水务作业的特殊规定法》（1998:812）第六章第 5 条采取保护渔业的措施或施加的条件已经明显不适当的。

开采许可证在生效十年后可以被全部或部分撤销，或者被施加新的条件。如果许可证所附条件已经明显不足以减少对自然环境造成的不利影响，则第 1 款所述期限届满前可以对该许可进行更改。

第1款第(5)项所指的情形出现时，许可机构也可以采取预防或减轻未来不利影响所需要的其他措施。

许可机构不得根据本条施加过分干预的条件或其他规则，以至于活动无法继续进行或受到严重阻碍。

第6条　如果根据第十六章第8条对两个或两个以上的环境危害活动施加条件，且其中一个活动的许可被撤销或条件被更改，则其他活动的条件也可被审查。

第7条　第3条至第6条所指的审查申请可以由瑞典环境保护署，法律、财政和行政服务局和适格的郡行政议事会提交到环境法庭。当事项应当由法院或市政当局以外的其他机构处理时，可以不经申请提交。

第8条　应许可持有人要求，许可机构可以取消或更改授予许可的判决或裁定中除赔偿金额以外的规则和条件。但是，只有当这些条件显得不再必要或过于严格，或者出现当初授予许可时未预料到的情况而使更改更为合理时，条件才可以被取消或者变得更为宽松。

第9条　《关于水务作业的特殊规定法》(1998:812)第七章第13条至第16条包括了关于水务作业变更的进一步规定。

第10条　在审查活动时，如果中央政府对许可列出一项特殊条件，许可机构不得未事先征得中央政府允许而在审查时严重偏离该条件。

关于协会周边情况出现变化

第11条　《关于水务作业的特殊规定法》(1998:812)第七章第7条和第18条包含了有关协会周边情况变化有关的规定。

关于动物围栏内不可预见的不利影响

第 12 条 当动物围栏出现当初授予许可时未能预见的不利影响时，郡行政议事会可以采用新的条件或者变更的条件。当不利影响十分严重且无法补救时，可以撤销许可。如果不再需要动物围栏相关的许可，也可以撤销许可。

关于不能预见的损害

第 13 条 根据本法典授予许可并执行的一项水务作业或者水中构筑物引起当初许可授予时环境法庭没有预见的损害的，受到损害的一方可以根据第三十一章提起赔偿请求。

个人或者公共利益遭受严重损失时，可以要求经营者改变水务作业或者水中构筑物并承担相关费用，但其行为不应当对第三方造成损害或者对许可持有人造成重大不便，且改变应当以防止或减轻将来损害的方式进行。当公共利益受到威胁时，瑞典环境保护署，法律、财政和行政服务局、郡行政议事会或者市政当局应当提起诉讼。

与不可预见的损害相关的诉讼请求只能在 5 年之内或许可规定的更长期限之内向环境法庭提出，最长不超过 20 年。其期限可以在许可发放时予以确定。时间应当从法院确定的工作完成截止之时开始计算。

但是，存在《关于水务作业的特殊规定法》（1998: 812）第七章第 7 条所指的损害情形的，诉讼请求不得早于损害发生之后的两年之内作出。

《诉权限制法》（1918: 130）不适用于根据本条规定提出的诉讼请求。

第 14 条 第 13 条所指的诉讼请求应当以书面形式作出，一式三份提交到环境法庭。一份副本应当提交给许可持有人。

应当在索赔请求期限截止之前或者之后审查诉讼请求。《关于水务作业的特殊规定法》(1998:812)第七章第8条至第12条应当适用于这一程序。第二十二章第23条和第28条第2款和第3款也应当适用于这一程序。

第二十五章　诉讼费用和其他类似费用

法院的诉讼费用等

第 1 条　《司法程序法典》中涉及诉讼费用的规定不适用于环境危害活动相关的案件。

第 2 条　在水务作业相关的申请案件中，除第 2 款所指的案件以及第二十一章第 1 条第 2 款所指的案件外，申请人应当承担自己和对方在环境法庭产生的费用。在为地面排水、灌溉或水资源调配而建立协会的相关案件中，申请人不应对其协会会员在郡行政议事会或环境法庭上产生的费用承担责任。第十六章第 13 条所指的组织不应获得对诉讼费用的赔偿，也没有义务去支付诉讼费用。

由第 1 款第一句所指的案件引起上诉的，申请人应当承担自己在上一级法院的费用，以及对方因申请人上诉而支付的费用。

第 3 条　涉及撤销许可证、禁止从事进一步活动、或者本法第二十四章第 3 条至第 6 条或《关于水务作业的特殊规定法》(1998:812)第七章第 15 条所指的案件时，瑞典环境保护署，法律、财政和行政服务局，郡行政议事会和许可证持有人应当承担他们在环境法庭中的费用。对第二十四章第 5 条中为了保障公共利益对许可进行审查的案件，提出审查的机构也应当负担许可证持有人以外的对方在环境法庭中的费用。但这不适用于本法第二十四章第5条第1款第(11)项所指的许可审查。然而,由本法第二十四章第5条第1款第(10)项引起的涉及旨在提高构筑物安全性的审查案件中,许可持有人应当承担上述费用,而非由瑞典环境保护署,法律、财政和行政服务局或郡行政议事会承担。

第4条　在涉及《关于水务作业的特殊规定法》(1998:812)第七章第17条所指的协会会员资格、费用分担、或涉及上述法案第七章第18条,且由于发生情势变更而需要进行审查的案件中,各相关方应承担自己的费用。

第5条　当与《司法程序法典》第十八章第6条或第8条的规定相冲突时,本章第2条至第4条的规定不得适用。

当涉及水务作业许可申请案件的具体事项时,可以命令各方在合理的范围内承担自己的费用,或者可以责令败诉方支付其他当事人的费用。

第6条　对由于第三十一章第13条规定而引发的诉讼,如果不动产所有人或者相关特殊权利持有人提起的关于赔偿或者强制购买的诉讼请求被驳回,在提起诉讼的当事人有合理理由让法庭审理案件的情况下,环境法庭可以判决对方支付不动产所有人或者特殊权利持有人的诉讼费用,法庭也可以判决各方承担自己的费用。

第7条　在涉及水务作业的案件中,即使法庭没有对案件作出最终判决,也可以要求申请人支付对方的诉讼费用。诉讼费用相关赔偿应当包括依据《利息法》(1975:635)第6条之规定计算从判决确定之日起到最终偿付之日止的利息。

第8条　在申请案件中,申请人应当支付环境法庭如下方面的费用:

(1)通告;

(2)文档保管人;

(3)法庭传唤的专家;和

(4)会议的召开场所。

第 1 款也适用于《关于水务作业的特殊规定法》(1998:812)第七章第 2 条所规定的申请案件。该种情形下,第 1 款中对申请人所作的规定应当适用于提起法律诉讼的人。

第 1 款和第 2 款有关申请人或提起法律诉讼之人的规定,应当适用于上诉法庭中的上诉人。

法庭可以就赔偿要求支付预付款。

第 9 条　强制购买案件中与费用有关的规定应当适用于第三十二章第 11 条和第三十一章第 10 条所指案件的诉讼费用。但如果强制购买的诉讼请求被驳回,则应当适用《司法程序法典》中涉及诉讼费用的规定。

如果第二十一章第 4 条所指的对环境危害活动申请禁止令或者对从事此类活动的一方申请采取预防措施的强制令的诉讼请求被驳回,且驳回是由于被告在提出诉讼后,根据本法典申请并获得了许可,则法庭应当根据具体情况判决各方承担自己的诉讼费用,或者判决其中一方获得全部或部分的赔偿。

其他费用

第 10 条　在《关于水务作业的特殊规定法》(1998:812)第七章第 19 条所指的案件中授予地面排水工程许可的,申请人的费用应当在合理的范围内由排水工程的参与人分担。如果排水许可未被授予,申请人应当支付发生的费用,除非在特殊情况下由所有或部分当事人共同承担偿付的法律责任。在重新分配的决定作出后,根据上述法案第七章第 20 条提起诉讼未获得地面排水许可的,费用应被视为需重新分配的收费。

第 11 条　在中央政府处理的事项中涉及根据《关于水务作业的特殊规定法》(1998:812)第二章第 9 条管控瀑布的,申请人应当承担全部费用。

对于移交给郡行政议事会的赔偿分配事项,承担赔偿责任的一方应当承担全部费用。

如与《司法程序法典》第十八章第 6 条或者第 8 条相冲突,本章第 1 款和第 2 款不得适用。

本条所提及的与赔偿有关的事项应当由环境法庭审查。

第五编

监 督 等

第二十六章　监　　督

关于监督的一般规定

第1条　监督的目的应当是确保本法典的目标以及根据本法典发布的规则得以遵守。

为了实现这一监督目的，监督主体应当在必要的限度内，对环境法和规则的遵守进行监督，对依据该法律所做出之判决和其他裁定的遵守情况进行监督，并采取必要措施以确保错误得以纠正。

监督机构还应当通过提供咨询、信息和类似活动，致力于本法典目标的实现。

第2条　当有理由怀疑存在刑事犯罪时，监督机构应当向警察或公诉机关报告违反本法典或者依本法典发布规则的行为。

第3条　瑞典环境保护署、瑞典武装部队环境执法局、郡行政议事会以及其他依照中央政府指令行使监督权的政府部门和市政当局（监督机构），应当行使监督权。

有关监督的规定也规定在《预防和限制严重化学事故后果的措施法》（1999:381）中。

除许可的环境危害活动、根据第十四章对化学品的处理以及根据第十五章对废物的处置外，市政当局应当通过委员会或市议会任命的委员会依据第九章的规定对市区环境与健康保护行使监督权。

应市政当局的要求，中央政府可以规定，由中央政府任命的监督机构可以将应由该机构行使的监督权之一部分委托给市政当局。上述规定不适用于瑞典武装部队、国家防御管理局、国防物质管理局或国防无线电中心的活动。

第 4 条 如果市政当局要求依照第 3 条委托监督权，但适格监督机构不同意按照市政当局的要求进行委托，则应当将该事项连同自己的意见一并提交中央政府，以对市政当局的要求作出决定。

监督机构可以撤销对市政当局的监督授权。中央政府通过决定委托监督权的，其应当通过决定撤销该委托。

第 5 条 中央政府可以决定有关监督的规定也适用于本法典中存在欧盟条例遵守情况的相应领域之监督。

第 6 条 监督机构之间应当相互合作，并与政府以及在某些领域进行监督或存在监督任务的市政机构合作。

中央政府或中央政府指定的机构可以发布规则，要求监督机构提供必要的信息以帮助地区或国家监督机构履行协调、监控和评估的职责。

第 7 条 市政当局可以与其他市政当局签订协议，约定将根据本法典的监督任务之全部或部分地交由其他市政当局进行。但作出委托的市政当局不得将对该事项进行授权的权力进行委托。

通过与其他市政当局签订协议，市政当局也可以授权另一方市政当局内的雇员代表其利益就某一事项或者相关事项作出决定；但上述规定不适用于《地方政府法》第六章第 34 条所指的情形。《地方政府法》第六章第 24 条至第 27 条以及第 35 条关于取消资格和将决定报告委员会的规定应当适用于作出这些决定的人员。

第8条　负责监督的监督机构可以指示不受该机构雇用的人员按照授予许可决定中的相关要求对构筑物进行现场检查。

强制令和禁止令

第9条　监督机构可以根据具体案件的需要发出强制令和禁止令，以确保对本法典之规定和根据本法典发布的规则、作出的判决和其他决定的遵守。

在具体案件中所采取的措施不得超出必要的限度。

强制令或禁止令不应当对根据第二十四章第1条取得法律效力的申请案件中许可相关的裁定或判决产生不利影响。

但需要避免对人体健康造成影响或对环境造成严重破坏时，授予许可的裁定或者判决不应阻止监督机构作出简易命令或禁止令。

第10条　如果一项水务作业的许可按照第二十四章第2条的规定失去效力，则监督机构可以命令许可持有人移除根据该许可建造的，但可能对公共或私人利益造成损害的构筑物。

第11条　如果围上栅栏的区域存在户外娱乐价值，或者其相邻区域存在价值，则监督机构可以命令相关人员设置大门或其他通道以便公众可以进入其有权进入的区域。

如果确认围栏的唯一目的是将公众隔离出该区域，则监督机构可以命令该区域的所有人拆掉围栏。上述关于围栏的规定也应当适用于沟渠。

第12条　如果监督机构对不动产的先前所有人或拥有同样能力的先前土地承租人根据第七章、第八章、第十一章或第十二章规定在他人土地上使用不动产、建筑、构筑物或设施的情况，施加一项要求补救损害或妨害的强制令,则该机构可以在合理的情况下对新的所有人或土地承租人发布类似的强制令。

第 13 条　如果监督机构对房屋所有人或房屋租用人发出强制令,或对所有人和租用人同时发出强制令,则该机构可以在所有权或租赁权转让给他人时,责令先前的所有人或承租人声明新的所有人或承租人的名称和地址,不得延误。

预 先 罚 款

第 14 条　对违反强制令或禁止令的行为,可以施加罚款处罚。

向登记机构通报及其法律后果

第 15 条　当监督机构对不动产所有人,土地承租人或在他人土地上的建筑物、构筑物或设施所有人发出强制令或禁止令时,该机构可以将决定送达登记机构并记录于房地产登记册上。如果该强制令包含周期性的预先罚款,也应记录在案。对最后申请登记所有权或土地承租权的申请人,如果强制令或禁止令不是对该申请人作出的,则应当以挂号信的形式由登记机构通知其相关记录事项,不得延误。

凡强制令或禁止令记录在案的,应当适用于该不动产的任何新所有人。如果新所有人通过购买、交换或馈赠的方式获得该不动产,且该不动产由地产或土地租赁构成时,则他应当自转让之日起承担周期性的预先罚款。不动产的新所有人不应对任何其他的预先罚款承担责任,但监督机构可以对该所有人施加一项新的预先罚款。存在特定期间的周期性预先罚款只能对周期开始时作为所有人的人员进行收缴。

如果已记录的强制令或禁止令经由一项决定撤销,且该决定是终局性的，则就该强制令相关措施已经采取的情况或该强制令、禁止令中不再相关的部分，监督机构应当一旦知晓即尽快报告登记机构，以便删除有关记录。

第 16 条　如果一项不动产或土地承租或者在他人土地上的建筑物、构筑物或设备因涉及对第 15 条所指的决定之上诉而发生了财产转让，则应当适用《司法程序法典》关于转让争议标的物的后果以及第三方参与诉讼程序的规定。

执行和更正并由有过错一方承担相关费用的情况

第 17 条　如果根据第 9 条至第 13 条监督机构发出的强制令或禁止令未得到遵守，应监督机构之要求，执法机构应当执行该决定。可以依照《执行法典》的规定执行决定。

如果一个人从事了第二十九章第 1 条至第 4 条、第 8 条、第 9 条和第 10 条所指的刑事犯罪，应监督机构要求，执法机构可以提供特殊援助以补救局势。《支付和援助强制令法》(1990: 746)包含了此类援助相关的规定。对此类案件中的决定提起上诉的，应当向环境法庭提出。

第 18 条　监督机构也可以决定更正错误并由过错人承担相关费用，而不是根据第 17 条的规定请求执行。

如果监督机构基于出现严重损害的风险，认为有必要立即更正错误或存在其他特殊原因时，可以不经发布强制令或禁止令，而直接作出决定要求有过错的当事人更正过错并承担相关费用。

经营者控制和环境报告

第 19 条　从事一项活动或采取一项措施的人员可能对人体健康造

成损伤或对环境造成影响的,应当不间断对活动的规划和监控,以应对或预防此类影响。

从事此类活动或采取此类措施的人员还应当通过对他们的项目开展调查或以其他方式,对活动或措施之环境影响状况保持了解。

应监督机构要求,从事此类活动的人员应当向该机构提交关于控制项目或补救措施的方案。

中央政府或中央政府指定的机构可以发布有关控制的规则。

第 20 条 根据第九章第 6 条第 1 款环境危害活动需要许可的,经营者应当向监督该活动的监督机构递交一份年度报告。上述规定也适用于根据第九章第 6 条第 2 款被命令申请许可的人员。环境报告应载有为遵守授予许可的决定中列明条件所采取的措施以及这些措施的实施结果之陈述声明。

中央政府或中央政府指定的机构可以规定,环境报告应当包含该活动环境影响的描述,以及那些授予许可的决定所附条件以外的其他内容。上述机构也可以要求提供本法典适用领域相关的其他信息和法典目标相关的其他信息。

即使一项活动不要求获得许可,也可以要求经营者提交一份环境报告。

信息和调查

第 21 条 监督机构可以命令在本法典规定或依本法典发布的规则管辖下从事一项活动或采取一项措施的人员提交任何基于监督目的所需要的信息和文件。上述规定同样适用于被要求减轻由此类活动造成的任何不利影响的其他人员。

第 22 条 从事对人体健康造成损害或对环境造成影响之活动或采

取措施的人员，或者有义务减轻此类活动带来不利影响的其他人员，还必须对活动及其影响开展必要的调查以实现监督目的，第十四章第7条所指的情形除外。当有理由假定建筑物的状态可能对健康有害时，上述规定也适用于基于住宿或一般用途而出租建筑物的人员。在适当情况下，监督机构可以决定此类调查应当由其他人进行，并可任命其他人进行。

被要求开展调查的人员应当支付为此目的任命其他人开展调查之费用，其数额由监督机构确定。

禁止存在争议的不动产或其他不动产在调查完成前转让的命令，可以附加在要求调查的决定中。

自然守卫人

第23条 中央政府或中央政府指定的机构可以任命自然守卫人对根据第七章、第八章、第十一章、第十四章和第十二章第6条发布的有关区域、自然物及植物和动物物种之规则的遵守情况进行监督。

自然守卫人可以根据这些规则驱逐那些进入了他们无权进入之地方的人员。

自然守卫人抓到违反根据第七章第3条、第5条、第11条、第12条、第24条或第28条，第八章第1条至第3条，第十一章第14条或者第十二章第6条所作出的禁止令或制定规则的人员，当其行为可以根据第二十九章予以处罚时，可以没收其狩猎和钓鱼用具、交通工具和其他可能与犯罪调查有关的物品。

第24条 自然守卫人没收物品的，应当立即向警察或者公诉机关报告，不得延迟。收到报告的官员应当将该没收行为视为他自己采取的行动。

其 他 规 定

第 25 条 如果一个人免于适用根据第七章、第八章或第十一章第 14 条发布的关于区域或自然物的规则，则在处于该豁免适用的区域时，其应当在自然守卫人或警察要求出示豁免决定时出示。

第 26 条 即使被提起上诉，监督机构也可以决定由它作出的决定立即生效。

第 27 条 由于本法典的任何事项而被牵涉进来的人员或者依照第 22 条第 1 款第 3 句进行调查的人员，不得在未经事先授权的情况下披露或使用他们获取的涉及商业或经营状况的信息，或者与国防有关的信息。

涉及公共服务的，应当适用《保密法》(1980: 100) 的规定，而不适用上述规定。

第二十七章　收　　费

向公共机构支付的费用

第 1 条　中央政府或者中央政府任命的机构可以发布规则收取费用，以支付机构根据本法典或依本法典发布的规则审查相关事项和监督所支出的费用，以及为了遵守欧盟条例在该领域的相关审查事项和监督所支出的费用。市议会可以就市政当局提供的服务发布收取费用的规定。

即使被提起上诉，中央政府也可以授权机构，在其根据本法典或依本法典发布的规则作出一项收费的决定时立即生效。

偿还机构费用的义务

第 2 条　中央政府或者中央政府任命的机构可以发布规则列明偿还机构费用的义务。

第十章第 11 条、第二十五章第 8 条和第二十六章第 22 条第 2 款也包含了偿还机构费用义务的相关规定。

第 3 条　按照第 1 条第 1 款制定的规则，被要求支付费用的人员，或者根据第 2 条第 1 款或第二十六章第 22 条第 2 款被要求偿还费用的人员,应当提供确定费用或偿还金额所必需的任何信息。这些应当提交给中央政府任命的机构的信息,应包含中央政府所要求的细节或者经中央政府授权的机构所要求的细节。

废物收集服务费

第 4 条 依据本法典或依本法典发布的规则,市政当局可以就他们所安排的关于收集、运输、循环利用和清除废物的费用的支付发布规则。市政当局应当决定这些收费是向市政当局支付,还是向废物收集服务的经营者支付。

《船舶污染防治法》(1980:424)包含了处置船舶废物收费的规定。

第 5 条 第 4 条第 1 款所指的收费应当按年或者按照其他间隔进行支付。涉及临时废物收集、运输和移除的,市政当局可以决定单次收取的费用。

收费不应超过足以支付废物收集和处置所必需的规划、资金以及运营成本数额。当厂房或设备用于废物收集以外的其他目的时,其成本应当从费用中扣除。收费可以通过鼓励再利用、循环利用或其他有利于环境的废物处理方式收取。

如果市政当局将废物收集外包给其他经营者,收费可以根据他们之间的协议计算,但该种收费之费用不得显著高于由市政当局直接从事同样服务所产生的费用。

第 6 条 第 4 条第 1 款所指的收费应当依照市议会确定的费率清单收取。

费率清单针对未包含在清单中的具体收费,应当列明费用计算的基础准则。第 5 条所指原则应当纳入考虑。

费率清单应当载明缴费主体和收费主体。

生产者的服务费用

第 7 条　中央政府、市政当局或者中央政府任命的机构可以发布规则要求生产者支付由市政当局安排的收集、运输和清除废物的收费。这些规则可适用于根据第十五章第 6 条制定的规则中有关生产者需要承担责任的废物。

收费也可以包括提供废物处置信息的费用。

收费应当向市政当局或者中央政府任命的机构支付。

社区赔偿费和钓鱼费

第 8 条　《关于水务作业的特殊规定法》(1998: 812)第六章包含了关于社区赔偿费和钓鱼费的规定。

第二十八章　准　入　等

允许有权机构进入执行任务

第 1 条　为了根据本法典执行任务,机构和机构委托执行任务的人员应当有权进入不动产、建筑物、其他构筑物和运输工具开展调查、采取其他措施。第三十一章第 10 条包含了对损害和侵扰行为索取赔偿之权利的相关规定。

以开展赔偿措施等为目的的准入

第 2 条　如果一个人根据第七章第 7 条第 4 款或第十六章第 9 条而需要在其他人的不动产、建筑物或者其他构筑物上进行调查或采取赔偿性或者其他措施,则郡行政议事会可以决定该人员在特定期限内准予进入。

开展调查或者采取措施的人员应当对损害和侵扰行为进行赔偿。赔偿诉讼应当向环境法庭提起。

以调查一项活动的影响为目的的准入

第3条　如果从事或意图从事一项活动或采取一项措施的人员需要对他人不动产进行测量或开展其他调查以查验该活动或措施产生的效应,则郡行政议事会可以在周围环境被证明合理的情况下,决定该人员在特定期限内准予进入。

从事或意图从事一项活动或采取一项措施的人员应当对损害和侵扰行为进行赔偿。赔偿诉讼应当向环境法庭提起。

郡行政议事会可以要求开展调查的人员在工作开始前针对未来的赔偿请求提供一份担保。当提供担保时,郡行政议事会可以决定即使出现对该决定提起上诉的情况,也可以开始相应工作。

以进行预防和补救措施为目的的准入

第4条　如果从事或意图从事一项活动或采取一项措施的人员被命令在他人土地、建筑物或其他构筑物上采取任何预防和保护性的措施以防止或减轻活动造成的损害,则郡行政议事会可以决定该人员在特定期限内准予进入他人所有或占有的不动产或构筑物,以便在该地区执行此类措施。

采取预防性或者保护性措施的人员应当对损害和侵扰行为进行赔偿。赔偿诉讼应当向环境法庭提起。如果准予进入的决定是针对水务作业许可相关的案件作出的,则应当在该案件中审查赔偿相关事项。

以事后处理为目的的准入

第5条 如果所有人或者特殊权利持有人之外的其他人需要进入不动产、建筑物或其他构筑物以修复该污染区域或者以事后处理为目的开展调查，则郡行政议事会可以决定在特定期限内准予进入该不动产、建筑物或者其他构筑物。

采取上述措施的人员应当对损害和侵扰行为进行赔偿，除非不动产所有人或者特殊权利持有人自己承担支付这些费用的责任。赔偿诉讼应当向环境法庭提起。

谨慎行事的义务

第6条 第1条至第5条所指的措施应当以造成最小损害和侵扰的方式进行。

只能为了预防或消除对健康的不利影响而在必要的范围内进入住房。

替换设备的禁止令

第7条 如果有必要安装测量仪器或类似设备以进行第1条至第5条所指的调查，可以发布强制令禁止替换或者损害此类设备，违反者处以罚款。上述规定同样适用于需要安装水泵或相似设备的情形。

警 察 协 助

第8条　为了实现准入之目的以及第1条至第5条所指的措施，警察机构应当给予任何必要的协助。

水位计准等的准入

第9条　依赖于水务作业运作的人员、公诉人员和瑞典气象水文研究所的官员有权访问水位计、水表或安装观察管道的地点，并有权查阅经营者应当保存的有关水位、排水或者使用水量的记录。

国家渔业理事会的官员和为此目的任命的渔业监督员应当被给予机会，监督为保护渔业而采取的措施之遵守情况。

关于强制执行水务作业特别权利的准入

第10条　从事或者意图开展水务作业的人员，可以由环境法庭授权在他人拥有的不动产上建造构筑物或采取措施，并可以为了实现以下目的而使用土地：

(1)国家、市政当局或者水资源管理协会经营的对人体健康或环境有益，或者经评估促进渔业的水务作业；

(2)设计用于抵消由废水引起污染的水务作业；

(3)包含利用地表水或地下水的水务作业；

(4)水资源调配；

(5)与公共航道或港口有关的水务作业；或

(6)地面排水。

如果按照第1款规定所使用的区域必然构成附着水电开发权利的不动产的一部分,则可以强制购买该区域。

结束使用基于本条而获得的使用他人土地的权利且没有持有相关权利,且在权利终止后一年之内没有拆除相应构筑物的,建造或者位于该土地上的构筑物应当免费归属于土地所有人。

以维持水务作业为目的的准入

第11条　被要求维持水务作业的人员,为了履行维持义务,在必要时有权使用他人的土地进行工作或者采取措施。

承担维持义务的人员应当对损害和侵扰行为进行赔偿。赔偿诉讼应当向环境法庭提起。

使用他人水中构筑物的权利

第12条　除非会对水中构筑物的所有人造成重大不便,他人可以被授权改造该构筑物或为了自己的水务作业使用该构筑物,或者预防或减少自己的水务作业造成的损害。水中构筑物被改动的,所有人有权再改造并收回其改造费用。

被授权使用水中构筑物的人员应当针对该权利的行使支付构筑物所有人合理的赔偿。

捕鱼禁止令

第13条　在作出决定引入措施以促进渔业或防止对渔业造成损害后,可以在特定地区禁止捕鱼。

第六编

处　　罚

第二十九章　处罚规定和没收

第1条　任何人故意实施下列行为的，应当以环境犯罪处以罚款或不超过两年的监禁，主管部门允许该行为或者其行为是普遍接受的除外。

(1)以包含或导致包含非轻微的人体健康风险、动植物妨害或者其他环境重大妨害的方式污染了土地、水或空气；

(2)以可能引发第(1)项所指的由污染造成的健康风险、损害或其他妨害的方式存放废弃物或其他物质；或

(3)由于噪声、振动或辐射造成环境严重妨害。

犯罪情节严重的，应处六个月以上六年以下监禁。考虑犯罪情节的严重性时，应当特别注意其是否造成或可能造成大规模的持久性损害，或者该行为是否具有特别危险的性质。

如果行为在特定情形下被认为是合理的，则不应当依据本条进行处罚。

第2条　任何人出于过失触犯第1条所述罪行，构成环境侵害罪，应当处以罚金或两年以下监禁。

第3条　任何人故意或出于重大过失，在处理化学品或者含有化学品或经化学品处理的产品时，没有根据产品的内在特性采取任何必要的保证措施、考虑使用替代产品或采取其他预防措施以预防、减轻对人体健康或环境损害的，应当以处理化学品危害环境罪处以两年以下的监禁。

如果该行为可以依据第 1 条或第 2 条进行处罚，则不应当按照第 1 款进行处罚。

第 4 条　任何人故意或出于过失，在未获得本法典或依本法典发布的规则所要求的审批或许可、批准或同意的决定，或者未提交报告时，就开展或从事某项活动或采取其他措施的，应当以非法从事未授权环境活动罪处两年以下监禁。

上述刑罚同样适用于因故意或过失而未能遵守本法典或依本法典发布的规则所要求的审批或许可、批准或免除决定的附属条件，及未遵守与此类许可或条件的审查相关联的条件之情形。

如果该行为可以依据第 1 条或第 2 条进行处罚，则不应当按照第 1 款和第 2 款进行处罚。

第 5 条　任何人故意或出于过失，违反本法典的规定或依本法典发布的规则，疏于提交报告或信息，或者提供不正确的信息，因而妨碍许可申请程序的，应当以妨碍环境控制罪处两年以下监禁。

第 6 条　除第 5 条所提及的情形外，任何人无论故意或过失实施下列行为，且该行为或疏漏可能妨碍到对人体健康或环境损害进行的风险评估的，应当以不完全环境信息罪处罚金或一年以下监禁。

（1）疏于提交本法典或依本法典发布的规则所要求的文件，或提交不正确的信息或遗漏信息；或

（2）疏于遵守本法典或依本法典发布的规则所列举的义务，未对含有转基因生物或化学品的物品或由其构成的物品、生物技术有机体、或含有化学品或经化学品处理的产品进行标注。

第 7 条　任何人故意或出于过失，将垃圾置于户外公共场所或其视野之内，应当以乱扔垃圾罪处罚金或一年以下监禁。

第8条　任何人故意或出于过失，触犯下列任何一项规定，应当处罚金或两年以下监禁：

（1）根据第一章第5条为全面防卫而发布的规则，对存在克减条款的法定规定的违反应当予以惩罚的；

（2）根据第七章第5条第2款或第3款，在自然保护区或文化保护区所作决定中列举的对土地使用权的限制性规定；

（3）第七章第11条列举的禁止在栖息地保护区内从事的活动或采取的措施；

（4）根据第七章第12条发布的对植物或动物群进行必要的特别保护的规则；

（5）根据第七章第16条的规定，在沿岸保护区内建造新建筑物或采取其他措施的禁止令；

（6）根据第七章第20条发布的在环境保护区采取预防措施的规则；

（7）根据第七章第22条发布的在水资源保护区内施加限制的规则；

（8）根据第七章第24条第1款施加的临时禁止令；

（9）根据第八章第1条或第2条发布的为了保护动植物物种而施加的禁止性规则；

（10）根据第八章第3条发布的禁止散播动植物物种或施加特殊条件的规则；

（11）根据第八章第4条发布的规则，当对动物、植物、蛋、卵、鱼卵、巢穴或动植物产品的处置违反了具体案件的决定中规定的条件；

（12）根据第九章第4条发布的禁止排放废水等的规则或决定；

（13）根据第九章第5条发布的与环境危险活动相关的预防措施的规则；

（14）根据第十章第12条列举的关于环境危险区间的限制、条件或报告的要求；

（15）根据第十一章第17条第1款、第20条第1款或第21条第1款维持水中构筑物的义务；

（16）第十二章第6条第3款列举的开展活动的禁止事项；

(17)第十二章第6条第4款中为保护自然环境而列举的禁止事项;

(18)根据第十三章第8条或第11条发布的与基因工程相关的调查及预防措施的规则;

(19)第十四章第18条第2款中列举的从飞行器上传播农药的禁止令;

(20)第十四章第19条第1款中列举的对落叶灌木丛传播农药的禁止令;

(21)根据第十四章第21条发布的关于燃料的贸易和燃烧、转移和进口的规则;

(21a) 根据第十四章第22条禁止提供出售汽油或柴油燃料的命令;

(22)根据第十四章第24条发布的关于化学品和生物技术有机体处理、进口和出口的规则;

(23)第十四章第25条中列明的关于处理、进口和出口化学品和生物技术有机体的禁止令;

(24)第十五章第31条中列明的倾倒或焚化废物的禁止令;

(25)根据《欧盟理事会关于特定危险化学品进出口的条例》(2455/92/EEC, 1992年7月23日,最后于1997年6月27日第237/97号委员会条例修订)通告或提供信息的义务,或者根据《欧盟理事会关于现存物质风险评估与控制的条例》(793/93/EEC, 1993年3月23日)提供信息的义务;

(26)《欧盟理事会关于消耗臭氧层物质的条例》(3093/94/EC, 1994年12月15日)中列明的禁止提供信息的禁令或要求提供信息的责任;

(27)违反《欧盟理事会关于监督和控制船只运输废弃物于欧共体内部及进出欧共体的条例》(259/93/EEC, 1993年2月1日,最后于1997年1月20日第120/97号理事会条例修订)关于废物运输的规定;

(28)根据《欧盟理事会关于通过管控贸易活动保护野生动植物物种的条例》(338/97/EC, 1996年12月9日,最后于1997年5月26日第938/97号理事会条例修订)在具体决定中列举的与进口、出口和从瑞典转口,人工繁殖植物贸易,运输和中转或买入,销售或其他商业行为有关的规定或条件。

从事行为违反第 1 款第(24)项规定构成犯罪的,应当按照《刑法典》第二十三章的规定进行处罚;

如果相关行为可以依据第 1 条或第 2 条进行处罚,则不应当按照本条第 1 款和第 2 款进行处罚。

第 9 条　任何人故意或过失违反以下任何一项规定,应当处罚金或六个月以下监禁:

(1)根据第七章第 30 条发布的关于公共秩序的规则;

(2)根据第九章第 11 条发布的禁止畜牧业的规则;

(3)根据第九章第 12 条为保护人体健康或环境而发布的规则;

(4)第十一章第 15 条第 3 款中列明的针对可能对渔业有害的工程进行报告的要求;

(5)根据第十二章第 8 条发布的关于农业用地管理的规则;

(6)根据第十二章第 10 条发布的限制动物持有数量等的规则;

(7)第十五章第 21 条中列明的清除废物的禁止令或规则,且针对的是使用专业或其他方式大规模收集和清除废弃物的行为;

(8)根据第十五章第 25 条第 1 款第(2)项发布的关于清除废物的规则;

(9)根据第二十四章第 12 条发布的关于动物围栏的新增或变动条件;

(10)第二十八章第 13 条列举的捕鱼禁止令;

(11)根据《欧盟理事会关于通过管控贸易活动保护野生动植物物种的条例》(338/97/EC, 1996 年 12 月 9 日,最后于 1996 年 5 月 26 日第 938/97 号理事会条例修订)施加的提供申请信息、许可或监督相关事项的其他文件的义务。

如果行为可以依据第 1 条或第 2 条进行处罚,则不应当按照本条第 1 款进行处罚。

第10条　任何人未经授权，交易其知道或可合理推定其知道的动植物物种或蛋、卵、鱼卵或巢的标本，并由于违反了根据第八章第1条或2条发布的规则而被缴获的，应当处罚金或两年以下监禁。

第11条　触犯第3条至第10条所述罪行但情节显著轻微的，不应当进行处罚。

《刑法典》存在同等处罚或处罚更严的，或者犯罪行为可以依据《走私处罚法》(1960:418)进行处罚的，不应当依照本章规定进行处罚。

对未遵守强制令的行为可以施加罚款处罚的，不应当依照本章的规定对该强制令相关的违法行为进行处罚。

第12条　第1条至第4条、第6条、第8条、第9条或第10条所述罪行中包含的动物、植物和从动物或植物中提取的产品，化学品，生物技术有机体，含有化学品或转基因生物体的产品，以及含有或由转基因生物体组成的产品，可以被宣布没收，但显著不合理的情况除外。上述规定同样适用于此类犯罪所得的不动产价值或收益。

为预防犯罪或在其他特殊情况下，可以宣布没收为实施第1条至第4条、第8条、第9条或第10条所述罪行而使用的运输工具和其他工具。除工具本身，工具价值或其中一部分也可以被宣布没收。

第13条　触犯第8条第1款第(24)项所指罪行的人员，即使不适用《刑法典》第二章第2条或第3条，仍然应当由瑞典法院审判。针对发生在瑞典经济区的犯罪，诉讼可以提交给距犯罪现场最近的地区法院。

第14条　根据第1条或第2条承担法律责任的人员，在引发重大损害前主动避免前述条文中所提及的危险或后果的，可以比照同一罪行从轻处罚。

第三十章　环境处罚费

第 1 条　商业活动的经营者有下列情形之一的，应当支付一项特别费用（以下称“环境处罚费”）：

（1）怠于遵守根据本法典所发布的规则；

（2）未取得许可或未提交报告的情况下，从事某项根据本法典或依本法典发布的规则要求其取得许可或提交报告的活动；或

（3）怠于遵守根据本法典或依本法典发布的规则所列举的许可或相关条件。

但本条只适用于中央政府根据第 2 条施加了环境处罚费的侵害行为。

当侵害行为并非故意或过失时，也应当支付环境处罚费。但存在显著不合理的情况时，不应当支付该费用。

环境处罚费归属于国家。

第 2 条　中央政府应当就需要支付环境处罚费的侵害行为及相应行为应支付的数额发布规则。数额的确定应当与侵害行为的严重程度及侵害行为相关联规定的重要程度相适应。

环境处罚费最低为 5000 瑞典克朗，最高为 1,000,000 瑞典克朗。

第 3 条　监督机关应当就环境处罚费的相关事项作出决定。

在监督机关征收环境处罚费之前，承担支付义务的人员应当被给予

陈述的机会。

第 4 条 征收环境处罚费的决定应当通知经营者。

第 5 条 环境处罚费应当在征收决定作出之日起三十日内,或在决定所规定的更长期限内支付。

在支付截止日到期之后,征收环境处罚费的决定可以作为具有法律效力的判决得以执行。

第 6 条 在第 1 条所提及事件引起的征收决定作出之后五年内,如果承担支付义务的人员没有得到机会作出陈述,则不应当收取环境处罚费。

第 7 条 根据监督机关的决定而应当支付环境处罚费的人员,可以就此决定向环境法庭提起上诉。

第 8 条 征收决定在成为最终决定之日起十年内未得到执行的,该决定施加的环境处罚费失效。

第 9 条 如果支付环境处罚费的法律责任经由一项最终决定被免除,则应当返还环境处罚费。

根据第 1 款规定返还环境处罚费的,应当按照《利息法》(1975:635)第 5 条的规定,自支付之日起至退还之日止的期间来计算利息。

第 10 条 中央政府或中央政府指定的机构可以发布有关环境处罚费支付的详细规则。

第七编

赔 偿 等

第三十一章　公共干预和水务作业许可申请程序等相关的赔偿

本章内容等

第 1 条　本章适用于特定公共干预和水务作业许可申请程序相关的赔偿事项。本章也包括了因禁止捕鱼而遭受损失的赔偿规定。

第 2 条　《征收征用法》(1972: 719) 应当适用于本章所指的赔偿和强制购买,本法典中含有相反规定的除外。

第 3 条　本章中与不动产相关的规定也应当适用于不动产上的特殊权利。

特定规则、强制令和禁止令所引起的赔偿和强制购买

第 4 条　由于土地征用决定或当决定涉及下列规则而使不动产相关部分的当前土地利用方式出现重大困难时,不动产所有人有权获得赔偿:

(1) 根据第七章第 3 条发布的关于国家公园的措施和限制性规则;

(2)根据第七章第5条、第6条或第9条发布的关于自然保护区和文化保护区的措施和限制性规则;

(3)根据第七章第11条第2款,在栖息地保护区内作出的不授予豁免的决定或禁止令;

(4)根据第七章第22条发布的关于水域保护区的措施和限制性规则;或

(5)根据第十二章第6条第4款发布的关于具体活动的强制令或禁止令。

对于根据第七章第3条发布的有关熊、猞猁、狼、狼獾、驯鹿或鹰的狩猎权的限制性规则,不得授予任何求偿权。

第5条 如果在作出第4条第1款第(1)项至第(4)项所指的决定之后,存在特定活动或措施必须获得许可的情形,则只有当该许可未被授予或附有具体条件时,方能获得赔偿。

如未经许可不得采取措施的禁止令是根据第七章第24条作出,且该许可未被授予的,应当适用第4条第1款的规定。

第6条 第4条所指的赔偿,应当扣除不动产所有人在无赔偿的情况下有义务接受该措施而支付的费用。

第7条 第4条所指的赔偿应当由国家支付。市政当局采用第4条所指规则的,赔偿应当由市政当局支付。

经市政当局或建立水域保护区的受益方提出申请,郡行政议事会采用第4条第1款第(4)项所指规则的,赔偿应当由申请人支付。

第8条 如果在第4条第1款所指的具体案件中对不动产的使用现状造成了重大损害,不动产所有人有权要求强制购买而非根据第4条的规定获得赔偿。如果损害是由于对未经许可的措施施加禁止令而造成的,则应当适用第5条第1款的规定。

第9条 在适用第4条和第8条时,还应当将根据第七章第3条、第5条、第6条、第9条或第22条作出的其他决定,根据第七章第11条第2款施加的禁止令,根据第十二章第6条第4款发布的强制令和禁止令,根据《森林保护法》(1979:429)第18条作出的决定,以及《规划与建筑法》(1987:10)第十四章第8条第1款所指的决定纳入考虑。在这种情况下,赔偿决定必须在作出最后决定的十年内作出。根据《森林保护法》第30条采取的措施,其在具体案件同一时期内所产生的影响也应当被纳入考虑。

由于第12条或第13条规定或《规划与建筑法》中相应规定而导致上诉权、求偿权或要求强制购买的权利失效的,不得阻止依据第1款将相关决定纳入考虑。

与特定调查相关的赔偿

第10条 根据第二十八章第1条采取的措施对不动产所有人造成损害和侵扰的,赔偿应当由国家承担。如果市政当局或其他代表市政当局行为的人员采取了此类措施,则赔偿应当由市政当局承担。

为了对不动产上从事的活动进行监督而采取相关措施的,不应当承担第1款中所指的赔偿。

赔偿诉讼应当向土地所在地或其较大部分所在地的环境法庭提出。

与提供围栏通道的强制令相关的赔偿

第11条 根据第二十六章第11条发布的强制令安装了大门或其他通道的围栏所有人,有权从国家获得进行此项工作和维护通道的赔偿。但是,当明确围栏的唯一目的是将公众从其本可以自由通行的区域排除出去时,则不应当予以赔偿。

第 1 款也适用于根据第二十六章第 11 条发布强制令而在沟渠上设置跨道的情况。

索赔通知

第 12 条　在机关就第 4 条、第 5 条、第 10 条或第 11 条所指的赔偿作出支付决定之前,可以命令意图提交赔偿请求或强制购买的人员告知该索赔要求,并在不少于两个月的期限内说明其他要求,违反者可能丧失索赔权。

赔偿责任人与索赔人之间就赔偿或强制购买达成的任何协议或明示协议的条款,对相应索赔权利产生后,应当对任何获取该不动产求偿权的人员产生相同法律效力。

赔偿诉讼

第 13 条　对第 4 条或第 11 条所指的赔偿或第 8 条所指的强制购买没有达成相关协议的,主张赔偿或要求强制购买的人员应当向环境法庭提起对赔偿责任人或不动产强制购买人的诉讼,其索赔权根据第 12 条规定丧失的除外。此类诉讼应当自索赔所依据的决定成为最终决定之日起一年内提出,违反者将丧失求偿权或要求强制购买的权利。

第 14 条　当根据第七章第 5 条、第 6 条、第 9 条或第 22 条考虑相关规定的制定时,赔偿责任人可以针对索赔人向环境法庭提起诉讼,以确立假如以上规定发布后赔偿或强制购买的条件。如果环境法庭所预期的规定自案件判决生效之日起一年内没有发布的,则该判决对当事人不再产生约束力。

赔偿的返还

第 15 条　如果已经依据现行规则或出于许可申请被拒而支付了第 4 条所指的赔偿，则在该规则被全部或部分撤销、或者相应许可或豁免被授予后，可以要求不动产所有人返还全部赔偿额，或在决定或其他相关情形中视其所获利益合理时，返还部分赔偿额。当采取了与此类规则或不授予许可的决定相反的措施时，如果监督机关不要求恢复原状，则上述规定也应当适用。

赔偿返还诉讼应当自索赔请求所依据的决定成为最终决定之日起一年内向环境法庭提出，且不应当晚于赔偿支付之后的十年，违者将丧失诉讼权利。

水务作业许可相关的赔偿和强制购买

第 16 条　按照第十一章规定获得许可并通过强制购买或其他方式持有他人不动产的人员，或者采取措施损害该不动产的人员，应当就权利让渡的价值或遭受的损害进行赔偿，另有规定的除外。根据第二十八章第 13 条施加的捕鱼禁止令造成损害的，也应当支付赔偿。

赔偿应当针对许可持有人采取了预防或补救措施后仍然存在的损害作出。

第 17 条　不动产和部分不动产由于根据第十一章获得许可的活动而遭到重大妨害的，应当依所有人要求而被强制购买。

如果只是略微高于支付给不动产所有人的赔偿额，且该所有人没有保留争议不动产或部分不动产的任何合法权益，则赔偿责任人有权选择进行强制购买。在这种情况下，第 16 条第 2 款所指措施的耗费应当被包括在赔偿之内。

对水务作业相关许可持有人所有的不动产造成的损害

第 18 条　根据第十一章授予许可的活动对许可持有人的不动产造成损害的，损害赔偿应当被确定。但是，经拥有担保物权的所有债权人一致同意，不适用上述规定。如果该不动产与另一不动产是放在一起抵押的，则不动产所有人和债权人必须根据《不动产法典》第二十二章第 11 条对抵押权的部分撤销表示一致同意。但是，如果法院的裁定对某个人并无实际重要意义，则不必取得此人的同意。

关于移除水中构筑物的赔偿

第 19 条　被授予许可移除水中构筑物，或者根据第二十四章第 4 条的规定被命令或被允许移除水中构筑物的人员，应当对由水体状况永久性变化而引起的他人不动产的损害支付合理的赔偿。针对移除水中构筑物造成的收益损失的赔偿，只有当授予许可的决定或者构筑水中构筑物相关的协议对该利益予以保证的情况下，才应予以支付。在这种情况下，赔偿应当仅支付由于收益损失而导致的费用。

负责维护水中构筑物以外的人员获得移除水中构筑物的准许的，当赔偿损失的命令是由该移除行为引起时，负责维护的人员可以申请返还赔偿额。

水务作业审查后的赔偿

第20条　根据第二十四章第5条或者《关于水务作业的特殊规定法》(1998: 812)第七章第13条或第14条对许可进行审查后,与审查相关的水务作业许可持有人在遭受水体或者水源的损失,或者调节水体径流的权利受限时,应当获得对该损失或者权利限制的赔偿,第22条另有规定的除外。在损失或者限制意味着水中构筑物安全性提升的情况下,不应当支付赔偿。

根据本法典或者《关于水务作业的特殊规定法》(1998: 812)审查水务作业,造成许可持有人之外相关人员损失的,应当支付赔偿。然而,共有电力的使用者应当不违反《关于水务作业的特殊规定法》(1998: 812)第八章第4条所提到的关于水务作业的特定限制。

第16条至第18条应当适用于第1款和第2款所指的赔偿。

第21条　第20条第1款所指的赔偿应当由要求审查的人员支付,或者当《关于水务作业的特殊规定法》(1998: 812)第七章第14条所指的审查与竞争集水区的许可相关时,由每位许可持有人支付。

第20条第2款所指的赔偿,应当由以下人员支付:

(1)在根据第二十四章第5条或第8条进行审查的情况下,由许可持有人予以支付;

(2)在根据《关于水务作业的特殊规定法》(1998: 812)第七章第14条进行的审查与竞争集水区的许可相关的情况下,由每位许可持有人予以支付;或

(3)在其他案件中,由要求进行审查的人员予以支付。

审查范围内水力发电站的共有电力致损而导致的赔偿,应当由该水力发电站的许可持有人予以支付。

对特定水务作业相关的决定进行审查后的求偿权限制

第22条　如果损失或者限制属于第20条第1款的范畴,且此类损失或者限制是由于对决定做出了有利于渔业公共利益、公共航道、公共港口或者医疗健康的改动,或者在根据本法第二十四章第5条或《关于水务作业的特殊规定法》(1998:812)第七章第13条第一句的审查中出于保护整体环境的需要而作出变更,则许可持有人应当接受部分损失或者限制而不获得赔偿。

不应予以支付的赔偿,应当与已经进行过的审查和第23条所指的水务作业引起的总体损失或者限制成一定比例,且应当:

(1)在水力发电站的情形中:在扣除水量调控所产生的产值部分之后,不得超过水电站在当前许可条款下能够生产的水力发电产值的五分之一,也不得少于该产值的二十分之一;

(2)在为了发电进行的水量调控的情形中:不得超过由各个水电站在当前许可条款下能够生产的且由水量调控引起的水力发电产值的五分之一,也不得少于该产值的二十分之一;

(3)在其他水务作业的情形中:不得超过作业许可所指定的水量、水源或者水库容量产值的五分之一,也不得少于该产值的二十分之一。

当环境法庭授予水务作业许可且该许可受制于求偿权限制时,法庭应当在第2款第(1)项至第(3)项所指定的范围内,确定不应支付赔偿的部分。与此相关的事项应当纳入考虑,特别是作业对水位和径流状况的影响,以及从公共利益和对许可持有人和共有电力使用人的收益角度出发,作业可能引发的收益或损失。

在第二十四章第5条第1款第(1)项所指定的日期到来之前进行审查的,不能获得赔偿的部分应当按照到达截止日期前剩余期间的长短按比例减少。

第 23 条　根据本法典持有水务作业许可的人员，由于以渔业公共利益、公共航道、公共港口、医疗健康或者整体环境保护为目的授予的水务作业许可而遭受水体或水源的损失，或者调节水体径流的权利受限时，其求偿权所受限制应当等同于第 22 条的规定。

上述规定也应当适用于未被利用的水源受损的情况。在这种情况下，不予赔偿的比例应当是扣除水量调控所产生的产值部分之后，与瀑布水力发电产值的二十分之一相一致的额度。

与水务作业许可相关的赔偿支付通知

第 24 条　依本章意旨，仅在根据《征收征用法》（1972：719）第六章第 4 条赔偿强制购买土地的情况下，才要求通知郡行政议事会。

与水务作业许可相关的赔偿支付时限

第 25 条　当许可是根据第十一章授予时，对已经强制购买的土地的赔偿，其支付及通知应当根据《征收征用法》（1972：719）第六章第 4 条在许可和赔偿的最终决定之日起六个月内作出。除对强制购买的土地一次性付清的赔偿外，其他赔偿应当在同一日期的两年内予以支付。如果赔偿责任人不遵守这一条件，其将丧失对拥有求偿权的人员的相关权利。

当事人同意或者在其他特殊情况下，这些时限可以缩短或延长。

使用水务作业许可后确定的赔偿

第 26 条　如果关于水务作业或其他措施的赔偿数额在使用许可后才能最终确定，且该数额超过先前确定的赔偿数额，则应当根据《征收征用法》(1972: 719)第六章第 4 条的规定,在确定数额之后的一个月内对超出部分予以支付并提交通知。上述规定应当同样适用于对已经完成了水务作业批准的相关赔偿额的确定。

如果最终的赔偿数额没有超过之前确定的赔偿数额,且赔偿责任人在其他情况下本应被要求支付保证金或者提交通知,则他应当在赔偿成为最终决定时,告知郡行政议事会。

第 27 条 第 26 条第 1 款所指的赔偿额应当按照《利息法》第 5 条计算利息,自土地被占用、水务作业开始或措施被采取之日起计算,并应当遵守第 26 条第 2 款的规定。如果没有按时支付,则应当按照《利息法》第 6条的规定自延迟之日起支付利息。

对诉讼请求提交到环境法庭之后出现的赔偿相关的不可预见损害,其利息应当按照《利息法》第 6 条的规定支付。

如果赔偿责任人怠于支付第 26 条第 1 款中可以用定金支付的赔偿额,则在有权提起全部或部分赔偿的当事人请求下,郡行政议事会应当对确定赔偿额的判决或决定提起诉讼要求执行。

由水务作业许可引起的强制购买的终局性

第 28 条 如果赔偿责任人根据《征收征用法》(1972: 719)第六章第 1条第 1 款和第 4 条承担了相关义务,则对土地的强制购买应当是终局性的,即使第 27 条第 1 款所指的利息没有被支付。

水务作业许可的使用权利

第 29 条 赔偿责任人在履行了《征收征用法》(1972: 719)第六章第 1条第 1 款和第 4 条列举的义务之后,可以通过占有不动产或者采取造成他人损害的措施来使用许可。在这种情况下,强制性通知应当按照第24条的规定受到限制。

基于有权请求赔偿的人员之具体情况判断,认为有必要时,环境法庭可以在占有发生前或措施采取前授予一个合理的延长期。

对水务作业许可引起赔偿的返还

第30条　根据第十一章所指的许可条款支付的赔偿不应当返还。但若因有权请求赔偿的人员提起诉讼而致作为赔偿决定依据的许可被撤销的,则可以要求返还支付的赔偿金额。

其他规定

第31条　本章所指的赔偿应当被确定为一次性支付款项。

但是,第5条第2款所涉及情形的赔偿应当按照年固定费率支付。在特定情况下,根据第4条第1款或第8条可能支付的赔偿可以被扣减。

在特定情况下,应赔偿责任人或有权提起赔偿的人员之请求,那些按照第4条第1款或第11条应当支付的赔偿可以通过固定费率按年支付,但上述规定服从于由于情势变化导致的审查。

《驯鹿饲养法》(1971:437)第30条第2款应当适用于根据第4条规定造成驯鹿饲养损害或妨害的可支付赔偿。

第32条　依本章意旨,《征收征用法》(1972:719)第四章第3条的规定应当适用于在向法院提起诉讼之前的十年期间出现的任何价值的增长。

第33条　在求偿权出现时,如果对财产拥有担保权利的债权人由于赔偿没有在郡行政议事会抵押而遭受损失，则他应当有权向责任人提起赔偿，并在收到赔偿额后消除债务契约上与之相关的诉权。上述规定同样适用于当债权人由于赔偿额度未确定或太低，以及由于责任人和有权提起赔偿的人达成协议或其他一些原因致使赔偿额未被法院审查时，他们所遭受的损失。对于协议提出非现金赔偿或执行预防性或补救性的措施而遭受的损失，也应当支付赔偿。

根据第 1 款第一句提起的赔偿诉讼应当向环境法庭提出。

第 34 条 在必要时，有关赔偿的决定应当包括规定以确保赔偿接收人不会因为作出决定和实际支付赔偿期间的货币价值变动而遭受损失。

第 35 条 当强制购买土地成为终局时，其应当被记录在房地产登记册内。

第 36 条 当对是否存在更好的权利以获得赔偿存有争议时，尽管根据《征收征用法》(1972:719)第六章第 1 条不存在强制条款，赔偿也应当抵押在郡行政议事会。上述法案第六章第 17 条至第 19 条应当适用于此类抵押。

第三十二章　对特定环境损害类型的赔偿以及其他私人索赔的基本规定

基 本 规 定

第 1 条　本章所指的赔偿是指应当支付的由于在不动产上从事一项活动而造成人身损害、物质损失和金钱损失。

但是，对并非由刑事犯罪所引起的金钱损失的赔偿，只有在损失不是微小不可计的情况下才应当支付。

损害的出现并非因故意或过失，且造成损害的妨害活动在考虑到当地的情形或考虑到此类妨害在类似条件下发生的程度时仍不可被接受时，才应当针对该损害支付赔偿。

第 2 条　本章不适用于电离辐射造成的损害，或因电气装置产生的电流而造成的影响，其应当适用单独的规定。

支付赔偿的条件

第 3 条　由以下原因造成的损害应当支付本章所定义的赔偿：

(1) 水域污染；

(2)地下水污染;

(3)地下水水位变化;

(4)空气污染;

(5)土地污染;

(6)噪声;

(7)振动;或

(8)类似的妨害。

第1款第(1)项至第(3)项不适用于根据水务作业许可条款从事活动所造成的损害。第三十一章的规定应当适用于此类损害。

当综合考虑了第1款所指妨害活动的性质及其不利影响、其他可能的原因和任何其他环境之后,权衡认为该妨害活动是造成损害的可能原因时,应当认定损害是由这一活动引起的。

第4条 针对爆破的岩石或者与爆破工程或其他包含爆炸危险的活动相联系的其他被爆炸物品所造成的损害,也应当支付赔偿。

第5条 除第3条或第4条所提及的情形,实施挖掘或类似作业的人员或者导致此类作业被实施的人员,因疏忽而未采取《不动产法典》第三章第3条所指的预防措施从而造成损害的,或者在工作中由于其他疏忽而造成损害的,应当支付赔偿。

如果该项作业具有明显侵扰性或因为其他原因包含特殊风险,即使从事该项作业的人员或者导致该项作业被实施的人员没有过失,也应当对此造成的损害支付赔偿。

负有赔偿责任的人员

第6条 利用不动产所有人或土地承租人身份从事一项有害活动的人员或导致有害活动被实施的人员,应当根据本章规定承担损害赔偿责任。任何从事有害活动或导致有害活动被实施,且在商业活动或公共活动中使用不动产的其他人同样也应当承担赔偿责任。

上述规定以外的其他人使用不动产进行有害活动或者导致该有害活动被实施的,只有在故意或过失造成损害的情况下,才应当根据本章规定承担赔偿责任。

第 7 条　所有人、土地承租人或不动产其他使用人之外的任何人员,如果在不动产上进行作业或者在其商业活动中导致该作业被执行,也应当对损害承担责任。

第 8 条　如果两个或两个以上的人根据本章规定对同一损害负赔偿责任,除非其中任何一方的赔偿责任受到限制,否则他们应当承担连带赔偿责任。

除非另有约定,赔偿金的数额应当在连带赔偿责任人之间进行合理分担,承担法律责任的依据、他们本可以避免损害发生的程度以及其他情形应当被考虑。

对不动产未来损害的赔偿

第 9 条　受损不动产在进行赔偿前可以进行合理预估,当一方当事人要求时,赔偿额的确定应当包括未来的损害。

在存在合理理由时,可以确定固定的年度赔偿金。如果以这种方式确定赔偿金后情况发生变化,则可以在考虑变化的情况下将该赔偿金降低到一个合理的水平。

第 10 条　《征收征用法》(1972:719)适用于支付给不动产所有人或土地承租人的基于不动产的未来损害给予的一次性赔偿的减免、分配和支付。对于减免、分配和支付的后果也应当适用该法律。

对财产享有担保物权的债权人因为第 1 款所提到的赔偿按照较低的费率计算而遭受损失，且由于赔偿责任人与有权获得赔偿的人之间达成协议或因为其他原因，该金额未经法院审查，债权人有权获得赔偿责任人的赔偿，且一旦获得清偿后，债权人基于债务契约的相关诉权消灭。

强制购买不动产等

第 11 条　如果由于本章所指的活动使不动产对于所有人来说全部或部分不产生利润，或者由于对不动产的使用而造成了重大妨害，则不动产所有人可以要求从事该活动的人员购买该不动产，或该不动产的一部分。

第 1 款也适用于根据第十章规定，有责任进行事后治理的人员采取措施造成不动产部分或全部变得没有利润，或者其行为造成不动产重大妨害的情形。但若不动产所有人也对事后治理负有责任的，则不适用第 1 款。

此类强制购买应当适用《征收征用法》(1972: 719)。该法典第四章第 3 条适用于向法院提起诉讼前十年期间不动产价值出现增长的状况。

第 12 条　除了赔偿损害和强制购买的有关诉讼外，个人还可以针对未经准许进行或已经进行环境危害活动的人员提起诉讼，禁止其进一步活动、采取保护措施或者其他预防措施。

第三十三章　环境损害保险和环境清理保险

第 1 条　环境损害保险和环境清理保险，其条款经中央政府或中央政府指定的机构批准，应当可以用于在特定情形下向第三十二章所指的遭受损失的人员支付赔偿，以及支付任何由于适用第二十六章第 17 条或第 18 条而引起的与环境危害活动相关的费用。根据本法典或依本法典发布的规则，从事必须取得许可或提交通知的环境危害活动的人员应当按照中央政府或中央政府指定的机构批准的表格标准来支付保险金。保险金应当提前一年支付。

中央政府可以发布关于免除适用第 1 款规定的规则。

第 2 条　有下列情形之一的，应当按照有关条款和条件从环境损害保险中对第三十二章所指的遭受身体伤害和物质损害的索赔人支付赔偿：

（1）索赔人有权根据第三十二章获得赔偿，但无法获得赔付或要求赔偿的权利已经失效；或

（2）不能确定谁应对伤害或损害负责。

第 3 条　根据第二十六章第 17 条，机构要求执行法律或根据二十六章第 18 条决定命令进行更正而导致的清理费用的，如果根据本法典对赔偿负有责任的人员没有能力支付，则应当按照相关条款和条件，从环境清理保险中支取费用进行赔付。但是，不应支付按照《紧急服务法》

(1986:1102)进行救援行动所产生的费用。

第4条　环境损害保险或环境清理保险缴款从应当支付之日起三十天内未支付的,保险人应当向监督机构报告未支付的情况。

监督机构可以责令赔偿责任人履行其义务,违反者可处以罚款。对该命令不得上诉。

法律名称对照表

英文	瑞典文	中文
Act (1998:812) Containing Special Provisions concerning Water Operations	lagen (1998:812) med särskilda bestämmelser om vattenverksamhet	《关于水务作业的特殊规定法》
Act (1999:381) on Measures to Prevent and Limit the Consequences of Major Chemical Accidents	1998 年瑞典语版本无	《预防和限制主要化学事故后果的措施法》
Act (1994:1500) on the Occasion of Sweden's Accession to the European Union	lagen (1994:1500) med anledning av Sveriges anslutning till Europeiska unionen	《关于瑞典加入欧盟这一特定事件的法》
Administrative Procedures Act (1986:223)	förvaltningslagen (1986:223)	《行政程序法》
Ancient Monuments and Finds Act (1988:950)	lagen (1988:950) om kulturminnen	《古迹及发掘法》
Banking Act (1987:617)	bankrörelselagen (1987:617)	《银行法》
Boundary River Agreement of September 16, 1971 between Sweden and Finland Act (1971:850)	lagen (1971:850) med anledning av gränsälvsöverenskommelsen den 16 september 1971 mellan Sverige och Finland	《瑞典与芬兰之间于 1971 年 9 月 16 日达成的关于边界河流的协定》
Certain Peat Deposits Act (1985:620)	lagen (1985:620) om vissa torvfyndigheter	《特定泥炭沉积物法》
Certain Pipelines Act (1978:160)	lagen (1978:160) om vissa rörledningar	《特定管道法》

续表

英文	瑞典文	中文
Civil Aviation Act（1957:297）	luftfartslagen（1957:297）	《民用航空法》
Code of Judicial Procedure	rätteg ångsbalken	《司法程序法典》
Codetermination at Work Act（1976:580）	lagen（1976:580）om medbestämmande i arbetslivet，motsvarande organisation på arbetsgivarsidan samt en sammanslutning av konsumenter	《劳资协同决策经营法》
Construction of Railways Act（1995:1649）	lagen（1995:1649）om byggande av järnväg	《铁路建设法》
Continental Shelf Act（1966:314）	lagen（1966:314）om kontinentalsockeln	《大陆架法》
Council Directive 79/409/EEC of 2 April 1979 on the conservation of wild birds	rådets direktiv 79/409/EEG av den 2 april 1979 om bevarande av vilda fåglar	《欧盟理事会关于野生鸟类保护的指令》
Council Directive 91/414/EEC of 15 July 1991 concerning the placing of plant protection products on the market	rådets direktiv 91/414/EEG av den 15 juli 1991 om utsläppande av växtskyddsmedel på marknaden	《欧盟理事会关于投放植物保护产品进入市场的指令》
Council Directive 92/43/EEC of 21 May 1992 on the conservation of natural habitats and of wild fauna and flora	rådets direktiv 92/43/EEG av den 21 maj 1992 om bevarande av livsmiljöer samt vilda djur och växter	《欧盟理事会关于自然栖息地及野生动植物保护的指令》
Council Regulation（EEC）No 793/93 of 23 March 1993 on the evaluation and control of the risks of existing substances	rådets förordning（EEG）nr 793/93 av den 23 mars 1993 om bedömning och kontroll av risker med existerande ämnen	《欧盟理事会关于现存物质风险评估与控制的条例》

续表

英文	瑞典文	中文
Council Regulation（EEC）No 2455/92 of 23 July 1992 concerning the export and import of certain dangerous chemicals	rådets förordning（EEG）nr 2455/92 av den 23 juli 1992 om export och import av vissa farliga kemikalier	《欧盟理事会关于特定危险化学品进出口的条例》
Council Regulation（EC）No 3093/94 of 15 December 1994 on substances that deplete the ozone layer	rådets förordning（EG）nr 3093/94 av den 15 december 1994 om ämnen som bryter ned ozonskiktet	《欧盟理事会关于消耗臭氧层物质的条例》
Council Regulation（EEC）No 259/93 of 1 February 1993 on the supervision and control of shipments of waste within, into and out of the European Community	rådets förordning（EEG）nr 259/93 av den 1 februari 1993 om övervakning och kontroll av avfallstransporter inom, till och från Europeiska gemenskapen	《欧盟理事会关于监督和控制船只运输废弃物于欧共体内部及进出欧共体的条例》
Council Regulation（EC）No 338/97 of 9 December 1996 on the protection of species of wild fauna and flora by regulating trade therein	rådets förordning（EG）nr 338/97 av den 9 december 1996 om skyddet av arter av vilda djur och växter genom kontroll av handeln med dem	《欧盟理事会关于通过管控贸易活动保护野生动植物物种的条例》
Court Proceedings Act（1996:242）	lagen（1996:242）om domstolsärenden	《法院程序法》
Electricity Act（1997:857）	ellagen（1997:857）	《电力法》
Electricity Preparedness Act（1997:228）	elberedskapslagen（1997:228）	《电力储备法》
Emergency Services Act（1986:1102）	räddningstjänstlagen（1986:1102）	《紧急服务法》
Enforcement Code	utsökningsbalken	《执行法典》

续表

英文	瑞典文	中文
Establishment, Enlargement and Closure of Public Navigation Channels and Public Ports Act (1983: 293)	lagen (1983: 293) om inrättande, utvidgning och avlysning av allmän farled och allmän hamn	《公共航道和公共港口的建立、扩建和关闭法》
European Parliament and the Council Directive 98/8/EC of 16 February 1998 concerning the placing of biocidal products on the market	1998 年瑞典语版本无	《欧洲议会和欧盟理事会关于投放杀灭生物产品进入市场的指令》
Expropriation Act (1972: 719)	expropriationslagen (1972: 719)	《征收征用法》
Forest Conservation Act (1979: 429)	skogsvårdslagen (1979: 429)	《森林保护法》
Income Tax Act (1999: 1229)	1998 年瑞典语版本无	《所得税法》
Injunction to Pay and Assistance Act (1990: 746)	lagen (1990: 746) om betalningsföreläggande och handräckning	《支付和援助强制令法》
Interest Act (1975: 635)	räntelagen (1975: 635)	《利息法》
Judicial Procedure in Administrative Matters Act (1971: 291)	förvaltningsprocesslagen (1971: 291)	《行政事务中司法程序法》
Limitation of Claims Act (1981: 130)	Preskriptionslagen(1981: 130)	《诉权限制法》
Local Government Act(1991: 900)	kommunallagen (1991: 900)	《地方政府法》
Measures against Pollution from Ships Act (1980: 424)	lagen (1980: 424) om åtgärder mot förorening från fartyg	《船舶污染防治法》

续表

英文	瑞典文	中文
Minerals Act（1991:45）	minerallagen（1991:45）	《矿产资源法》
Motor Vehicle Disposal Act（1975:343）	bilskrotningslagen（1975:343）	《机动汽车处置法》
Natural Gas Act（2000:599）	1998 年瑞典语版本无	《天然气法》
Nuclear Activities Act（1984:3）	lagen（1984:3）om kärnteknisk verksamhet	《核活动法》
Penal Code	brottsbalken	《刑法典》
Penalties for Smuggling Act（1960:418）	lagen（1960:418）om straff för varusmuggling	《走私处罚法》
Planning and Building Act（1987:10）	plan – och bygglagen（1987:10）	《规划与建筑法》
Property Tax Assessment Act（1979:1152）	fastighetstaxeringslagen（1979:1152）	《不动产税评估法》
Prospective Fines Act（1985:206）	lagen（1985:206）om viten	《预先罚款法》
Real Property Code	jordabalken	《不动产法典》
Reindeer Husbandry Act（1971:437）	rennäringslagen（1971:437）	《驯鹿饲养法》
Roads Act（1971:948）	väglagen（1971:948）	《道路法》
Secrecy Act（1980:100）	sekretesslagen（1980:100）	《保密法》
Sweden's Economic Zone Act（1992:1140）	lagen（1992:1140）om Sveriges ekonomiska zon	《瑞典经济区法》
Technical Verification Act（1992:1119）	lagen（1992:1119）om teknisk kontroll	《技术认证法》
Work Environment Act（1997:1160）	arbetsmiljölagen（1977:1160）	《工作环境法》

专业术语对照表

英文	中文
A	
after-treatment	事后治理
appealable judgments	可上诉的判决
application case	申请案件
area regulations	区域发展规划
areas of unspoiled nature	未遭破坏的自然环境区域
associations of municipalities	市级区域联盟
B	
best possible technology	最佳可用技术
bodily injury	人身损害
burden of proof	举证责任
bylaws	法规
C	
casting vote	决定票权
civil actions	民事诉讼
Code of Judicial Procedure	司法程序法典
community indemnity fees	社区赔偿费
compulsory public acquisitions	强制公开收购
compulsory purchase	强制购买
contained use	限制性使用
cooperative power	合作电力

续表

英文	中文
county administrative board	郡行政议事会
criminal proceedings	刑事诉讼程序
culture reserve	文化保护区
D	
default judgments	缺席判决
Defence Mateériel Administration	国防物质行政局
deliberate release	故意释放
derogation	克减条款
detriment	妨害
development plans	发展规划
district courts	地区法院
E	
EC Regulations	欧盟条例
Enforcement Code	执行法典
Enforcement Service	执法机构
environmental clean-up insurance	环境修复保险
environmental court	环境法庭
environmental hazard zone	环境危害区
environmental impact assessment	环境影响评价
environmental impact statement	环境影响报告
environmental offence	环境犯罪
environmental quality standards	环境质量标准
environmental sanction charge	环境处罚费
environmentally hazardous activities	环境危害活动
European Parliament	欧洲议会
F	
first instance	一审

续表

英文	中文
flora and fauna	动植物群
forfeiture	没收
furnishing of securities	提供担保
G	
game enclosures	动物围栏
genetically modified organisms	转基因生物有机体
gross negligence	重大过失
H	
habitat protection areas	栖息地保护区
hazardous waste	危险废物
health impact assessments	健康影响评价
holders of easements	地役权持有人
holders of special rights	特殊权利持有人
I	
individual cases	具体案件
injunction	强制令
international undertakings	国际承诺
J	
joint and several liability	连带责任
K	
keeper of the file	文档保管人
L	
land drainage	地面排水
leaseholder	承租人
Legal, Financial and Administrative Services Agency	瑞典法律、金融和行政服务局
litigation costs	诉讼费用

续表

英文	中文
M	
main hearing(s)	主要听审程序
municipal committee	市属委员会
municipalities	市政当局
N	
National Board of Fisheries	国家渔业理事会
National Defence Radio Centre	国防无线电中心
National Fortifications Administration	国家防御管理局
national park	国家公园
natural and cultural assets	自然与文化资产
natural monument	自然遗迹
nature reserve	自然保护区
nature wardens	自然守卫人
negligence	过失
O	
offence of causing environmental disturbance	环境侵害罪
offence of environmentally hazardous handling of chemicals	处理化学品危害环境罪
offence of incomplete environmental information	不完全环境信息罪
offence of littering	乱扔垃圾罪
offence of obstruction of environmental control	妨碍环境控制罪
offence of unauthorized environmental activity	未授权环境活动罪
on-site inspection	现场检查
oral hearing	口头听证会
P	
pecuniary loss	金钱损失
periodic prospective fine	周期性预先罚款

续表

英文	中文
permissibility	审批
permit	许可
person at fault	过错方
postponement decision	推迟裁定
preliminary oral hearings	初步口头听证
preparatory proceedings	准备性程序
producer responsibility	生产者责任
property	不动产
prospective fine	预先罚款
provisional directions	临时指令
public prosecution authorities	公诉机关
Q	
quarrying permits	采石许可
R	
real estate register	不动产登记
real estate that belongs to several properties	多方共有的不动产
Real Property Code	不动产法典
refuse collection charges	废物收集服务费
rules	规则
S	
separate appeals	单独上诉
service of writs	送达令状
shore protection areas	沿岸保护区
special area of conservation	特别保留区
special investigation	特别调查
special protection area	特别保护区

续表

英文	中文
summary order	简易命令
summons applications	传唤申请
Superior Environmental Court	环境上诉法院
Supreme Court	最高法院
Surgeon-General of the Swedish Armed Forces	瑞典武装部队环境执法局
Svea Court of Appeal	斯维亚上诉法院
Swedish Armed Forces	瑞典武装部队
Swedish court of law	瑞典法院
Swedish Environmental Protection Agency	瑞典环境保护署
Swedish Gene Technology Advisory Board	瑞典基因技术咨询委员会
Swedish Meteorological and Hydrological Institute	瑞典气象水文研究所
Swedish Rescue Services Agency	瑞典救援服务局
Swedish territorial waters	瑞典领海
W	
waste disposal plan	废物处置计划
water areas	水域
water catchments	集水
water operations	水务作业
water protection area	水域保护区
water regulation	水资源调配
water structures	水中构筑物

瑞典地名对照表

瑞典地名	中文地名
Åbyälven	奥比河
Åhus	奥胡斯
Ammerån	阿默
Ångermanälven	翁厄曼河
Ångermanland	翁厄曼兰
Arbråsjöarna	阿布拉斯乔阿纳
Åreälven	阿雷河
Årjäng	奥尔延
Arkösund	阿尔克松德
Artfjället	阿特山
Avesta	阿沃斯塔
Bergvik	贝里维克
Boda	布达
Bohuslän	布胡斯省
Bondöfjärden	邦多菲耶尔山区
Borgafjällen	博尔加菲耶尔
Bräkneån	布拉克乐安河
Brofjorden	布罗弗约登
Brunnsviken	布伦斯维肯
Burvattnet	布尔瓦特纳
Byskeälven	比斯克河

续表

瑞典地名	中文地名
Dalälven	达尔河
Dalsland	达尔斯兰
Dammån	达姆河
Djurgården	于高登
Edebäck	埃德拜克
Edsele	埃瑟勒
Emån	埃姆河
Enningdalsälven	恩宁达尔河
Färila	费里拉
Fårö	福勒
Faxälven	法克斯河
Forsmark	福什马克
Frostviken	弗罗斯特维肯
Fryksdalen	弗吕克斯达伦
Fylleån	福莱利恩河
Gimån	基姆河
Girjesån	吉尔杰森
Göta Canal	约塔运河
Gotland	哥得兰岛
Haga	哈加
Halland	哈兰省
Hallandsåsen	哈兰山
Hårkan	哈坎河
Hede	海德
Helags	海拉格山
Herräng	海兰

续表

瑞典地名	中文地名
Höljes	赫利耶斯
Hotagsfjällen	欧塔哈菲耶尔山区
Hummelforsen	胡默弗奥森
Indalsälven	因达尔河
Jämtland	耶姆特兰
Juktån	尤克特河
Karlsborg	卡尔斯堡
Kebnekaise	凯布讷山
Kil	希尔
Klarälven	克拉尔河
Kloten	克洛滕
Kopparberg	科帕尔贝里
Kullaberg	库拉贝里
Laforsen	拉弗奥森
Lake Akkajaure	阿卡湖
Lake Ånimmen	安利姆梅恩湖
Lake Åsnen	奥斯嫩湖
Lake Fjosoken	法罗索肯湖
Lake Gäuta	耶乌坦湖
Lake Havern	哈文湖
Lake Helgumsjön	海尔古姆湖
Lake Hjälmaren	耶尔马伦湖
Lake Holmsjön	霍尔姆湖
Lake Klumpvattnet	克伦普瓦特纳湖
Lake Landösjön	兰德湖
Lake Mälaren	梅拉伦湖

续表

瑞典地名	中文地名
Lake Mien	米恩湖
Lake Oresjön	奥雷湖
Lake Orsasjön	乌沙湖
Lake Ransarn	拉恩萨恩湖
Lake Riebnes	里布纳斯湖
Lake Sädvajaure	塞德瓦湖
Lake Siljan	锡利扬湖
Lake Skalka	斯卡尔卡湖
Lake Skattungen	斯卡通恩湖
Lake Stor-Laisan	斯托尔莱森湖
Lake Storsjön	斯图尔湖
Lake Tjaktjajaure	夏克夏湖
Lake Unden	温登湖
Lake Vänern	维纳恩湖
Lake Vättern	韦特恩湖
Lake Viken	维肯湖
Lake Vojmsjön	沃伊姆湖
Långan	隆安河
Långfjället	朗菲耶尔莱特
Långselån	朗塞兰
Lejarälven	克拉尔河
Lilla Luleälven	利尔吕勒河
Listerlandet	利斯特地区
Ljungan	永安河
Ljusnan	于斯南河
Lögdeälven	洛基河

续表

瑞典地名	中文地名
Luleälven	吕勒河
Lysekil	吕瑟希尔
Malån	马伦河
Malingsbo	马灵斯布
Marsfjällen	马什山
Mavas	马瓦斯
Mellerud	梅勒吕德
Moälven	穆河
Mörrumsån	默鲁姆河
Näs bruk	纳斯布拉克
Nordmarken	努德马克
Norrbotten	北博腾省
Öland	厄兰岛
Oreälven	厄勒河
Örnahusen	奥尔纳哈森
Oskarshamn	奥斯卡港
Österdalälven	厄斯特达尔河
Östergarn	厄斯特冈岛
Östergötland	东约特兰
Östervallskog	东瓦尔斯库格
Oxelösund	乌克瑟勒松德
Pärlälven	派尔河
Pessinkin	帕辛肯
Pukaviksbukten	皮卡维克湾
Råneälven	罗讷河
Ransarån	拉恩萨伦河

续表

瑞典地名	中文地名
Rättvik	赖特维克
Rogen	罗根湖
Romeleåsen	鲁默勒山
Rörströmsälven	罗斯乔姆塞
Rostu	洛斯图
Sarek	萨勒克
Sävarån	塞瓦尔河
Saxån	萨山河
Simpevarp	辛配赖普
Singö	辛岛
Sjaunja	斯加聂加
Sjötorp	舍托普
Skäckerfjällen	谢克山
Skagsudde	海洛恩苏德
Skåne	斯科纳
Skellefteälven	谢莱夫特河
Skiffsforsen	斯基福斯弗奥森
Skillinge	希灵厄
Skinnskatteberg	欣斯卡特贝里
Skutskär	斯屈特谢尔
Småland	斯莫兰
Smedjebacken	斯梅杰巴肯
Södermanland	南曼兰
Storå	斯图奥
Stora Luleälven	斯图奥吕勒河
Storån	斯图尔河

续表

瑞典地名	中文地名
Storfjärden	斯图尔河谷
Storsudret	斯托苏拉特
Svegsjön	斯瓦格湖
Sylarna	叙拉纳山
Tärna	泰纳
Tärnaån	塔尔纳安
Tärnaforsen	泰纳奥森河
Tiveden	蒂山
Torsby	图什比
Transtrandsfjällen	特兰斯特兰德菲耶尔山区
Treriksröset	泰瑞德斯罗赛特
Ulriksdal	索尔纳
Umeälven	于默河
Uppland	乌普兰
Vallhaga	瓦勒哈格
Vapstälven	韦夫斯纳河
Vardofjällen	瓦多菲耶尔山区
Västerdalälven	韦斯特达尔河
Viforsen	维夫奥森
Vindelådalen	温德拉达伦河谷
Vindelfjällen	温德菲耶尔山区
Vojmån	沃伊蒙河
Voxnan	沃克斯南河

1999/2000 年修改条款列表*

1. 以下条款皆是 1999 年所作修改:

第六章第 3 条第 2 款(Law 1999:385)

第六章第 7 条第 4 款(Law 1999:385)

第十章第 3 条第 2 款(Law 1999:1231)

第十四章第 22 条第 2 款(Law 1999:1325)

第十八章第 1 条第 1 款第(3)项(Law 1999:368)

第十九章第 5 条第 1 款第(12)项(Law 1999:385)

第二十二章第 1 条第 3 款(Law 1999:385)

第二十二章第 4 条第 2 款(Law 1999:385)

第二十二章第 6 条第 3 款(Law 1999:385)

第二十二章第 25 条第 4 款(Law 1999:385)

第二十六章第 3 条第 4 款(Law 1999:385)

第二十九章第 8 条第 3 款(Law 1999:1325)

2. 以下条款皆是 2000 年所作修改:

第一章第 2 条(Law 2000:600)

第一章第 7 条最后一句(Law 2000:600).

第十一章第 21 条第 2 款(Law 2000:228)

第十一章第 23 条第一款第(5)项(Law 2000:600).

第十三章第 5 条(Law 2000:119)

---

* 本表是译者对照 1998 年瑞典语版和 2000 年瑞典环境保护部英译版基础上整理。1999 年和 2000 年环境法典的修改均只出现在 2000 年英译版中,但皆未出现在 1998 年瑞典语版内,特此补充,以供读者研究参考。

第十四章第 5 条(Law 2000: 119)

第十四章第 8 条(Law 2000: 119)

第十四章第 14 条第 3 款(Law 2000: 119)

第十四章第 15 条(Law 2000: 119)

第二十六章第 15 条第 3 款(Law 2000: 228)

第三十一章第 35 条(Law 2000: 228)